Receitas Simpáticas
Para Doenças Antipáticas

Receitas Simpáticas
Para Doenças Antipáticas

Haroldo Jacques e Silvana Bianchi

2ª edição

Receitas simpáticas para doenças antipáticas © Haroldo Jacques e Silvana Bianchi

Direitos desta edição reservados ao Serviço Nacional de Aprendizagem Comercial – Administração Regional do Rio de Janeiro.

Vedada, nos termos da lei, a reprodução total ou parcial deste livro.

SENAC RIO

Presidente do Conselho Regional
Orlando Diniz

Diretor regional
Décio Zanirato Junior

Editora Senac Rio
Avenida Franklin Roosevelt, 126/604
Centro – Rio de Janeiro – RJ – CEP: 20.021-120
Tel.: (21) 2240-2045 – Fax: (21) 2240-9656
www.rj.senac.br/editora
comercial.editora@rj.senac.br

Editora
Andrea Fraga d'Egmont

Editorial
Cynthia Azevedo (coordenadora)
Cristiane Pacanowski e Flávia Marinho

Produção
Andrea Ayer, Karine Fajardo e Márcia Maia

Comercial
Roberto Combochi (coordenador)
Abel Pinheiro, Alexandre Martins,
Allan Narciso, Flávia Cabral, Jorge Barbosa,
Leandro Pereira e Marjory Lima

Marketing & Eventos
Adriana Rocha (coordenadora)
Joana Freire

Administrativo
José Carlos Fernandes (coordenador)
Aline Costa, Michelle Narciso
e Rodrigo Santos

Copidesque
Flávia Marinho

Revisão
Cristiane Pacanowski, Cynthia Azevedo
e Lilia Zanetti

Fotos
Alexander Landau

Projeto gráfico e editoração eletrônica
Hybris Design | Isabella Perrotta e
Fernanda Pinto Bravo (assistente)

2ª edição: janeiro de 2007

CIP-BRASIL. CATALOGAÇÃO-NA-FONTE
SINDICATO NACIONAL DOS EDITORES DE LIVROS, RJ.

J19

Jacques, Haroldo.
    Receitas simpáticas para doenças antipáticas
    / Haroldo Jacques e Silvana Bianchi. — 2.ed. Rio de Janeiro: Editora Senac Rio, 2007.
    352p. : il. ;
    16 x 23cm

    Inclui bibliografia
    ISBN 85-87864-98-X

1. Culinária. 2. Alimentos - Aspectos de saúde. 3. Alimentos funcionais. 4. Hábitos de saúde.
    I. Bianchi, Silvana. II. Título.

06-2706
    CDD 641.563
    CDU 641.56

A todos aqueles que apreciam a vida com sabor e saúde.
Haroldo Jacques

*Al dolce ricordo di Silvano e Dina Bianchi,
miei genitori, dedico questo lavoro.*
Silvana Bianchi

Agradecimentos 8
Fotografias Receitas 11
Prefácio 33
Apresentação — O Sabor (e o Saber) da Saúde 35
Introdução 37
Alimentos Funcionais 41
A Importância da Água para o Organismo 51
Arteriosclerose 53
Hipertensão Arterial 79
Diabetes 105
Perda de Memória, Parkinson e Alzheimer 129
Osteoporose 159
Câncer 187
Anemias Carenciais 217
Obesidade 243
Envelhecimento 271
Estresse 293
Dicas (Receitas Básicas) 321
Liquid Foods (Receitas) 329
Propriedades Medicinais do Vinho 339
Decálogo da Boa Alimentação 345
Referências Bibliográficas 347

Sumário

Arteriosclerose, 12

Hipertensão Arterial, 14

Diabetes, 16

Perda de Memória, Parkinson e Alzheimer, 18

Osteoporose, 20

Câncer, 22

Anemias Carenciais, 24

Obesidade, 26

Envelhecimento, 29

Estresse, 30

Fotografias Receitas

Ana Lucia Carvalho
Sommelière

Guilherme Corrêa
Sommelier

Hiram da Silveira Lucas
Membro titular da Academia Nacional de Medicina; professor de Cancerologia do Instituto de Pós-Graduação Carlos Chagas; diretor-presidente da Abac – Hospital Mário Kröef.

José Luiz de Sá Cavalcanti
Professor adjunto de Neurologia da Faculdade de Medicina da UFRJ; membro titular da Academia Brasileira de Neurologia; diretor do Instituto de Neurologia Deolindo Couto da UFRJ.

José Osvaldo Amarante
Sommelier

Luiz G. P. Franco
Membro titular da Sociedade Brasileira de Hematologia e Hemoterapia; diretor científico do Centro de Estudos do Hospital da Lagoa; membro titular do Colégio Brasileiro de Hematologia.

Marcelo Celutano
Sommelier

Mariano Levy
Sommelier

Agradecimentos

Marlene Alves de Souza
Sommelière que utilizou seus conhecimentos e contatos na realização do difícil trabalho de coordenar a harmonização dos vinhos.

Neidson Miranda
Médico endocrinologista; membro titular da Sociedade Brasileira de Endocrinologia.

Patrícia Carraro
Sommelière

Paulo Nicolay
Sommelier

Roberto Carneiro
Professor livre-docente de Reumatologia da UFRJ; membro titular da Academia de Medicina do Rio de Janeiro; fundador e presidente de honra da Sociedade Brasileira do Estudo do Metabolismo Ósseo e Mineral do Rio de Janeiro.

Pratos de cerâmica cedidos pela ceramista Valéria Bianchi.

Fotografias
Receitas

Arteriosclerose

Peras Cozidas em Vinho Branco e Baunilha

Creme de Couve-Flor

Hipertensão Arterial

Sopa de Peito de Peru e Ervilha

Bananas ao Rum

Camarões ao Curry

Diabetes

Carpaccio de Rabanete com Requeijão de Cabra

Perda de Memória, Parkinson e Alzheimer

Cherne com Polenta com Ervas e Vinho Barolo

Pato com Arroz Basmati

Osteoporose

Fritada de Salmão Defumado

Salada de Queijos Aquecidos

Câncer

Couscous de Frango

Truta Recheada

Talharim Primavera Verde

Anemias Carenciais

Fondue de Carne

Obesidade

Espetinhos de Salmão

Anel de Frutas em Gelatina de Chá de Pêssego

Panquecas Doces ou Salgadas

Risoto de Pato e Cogumelo Seco

Envelhecimento

Estresse

Peito de Chester com Uvas Verdes e Rosadas

Bruschetta de Ricota, Abacaxi e Peito de Peru Defumado

Prefácio

Que tal passar os dias comendo delicadezas como codornas recheadas; peras cozidas em vinho branco e baunilha; carneiro marroquino; sopa gelada de melancia; figos grelhados com espuma de mascarpone; risoto cremoso de limão e cavaquinha; nhoques de ricota e espinafre; fondue grego; pudim indiano de amêndoas; bolinhas macias de chocolate e muito mais?

São comidas criadas pela chef Silvana Bianchi, do Quadrifoglio, um dos melhores restaurantes do Rio de Janeiro. Além do visual acurado e dos sabores sutis de cada prato, este banquete ajuda a lidar e até a eliminar doenças que só nos trazem tristeza, decadência e morte. Detalhe importante: são receitas fáceis de fazer.

O livro não é só receitas ou um sisudo compêndio medicinal. Os textos do médico Haroldo Jacques são claros, límpidos e esclarecem com pertinência. Explicam tudo o que eu sempre quis saber sobre obesidade, câncer, osteoporose, envelhecimento, perda de memória, diabetes, arteriosclerose e outros bichos cabeludos. Os textos fornecem ainda informações básicas, como o que são exatamente alimentos orgânicos, hidropônicos, transgênicos ou termos como diet, light, low e free. Em suma, em vez de mais um livro cansativo, é uma leveza que se amplia no casamento perfeito entre o texto do médico e as receitas da renomada chef.

Haroldo explica as doenças e como atuar contra elas. Silvana ensina receitas deliciosas usando os alimentos recomendados pelo médico. Os autores abrem a porta mágica, o ovo de Colombo ainda pouco explorado: derrotam as doenças indicando a melhor alimentação para cada caso, unindo o prazer de saborear às necessidades de cada pessoa.

"Dieta não deve ser sinônimo de punição nem de frustração" – esta é a filosofia que se irradia por todo o livro. Uma obra útil, agradável de se ler, repleta de tentações gostosas e informações importantes. Certamente é um dos melhores livros que já foram feitos até hoje nessa área. Quero mais!

Danusia Barbara

Apresentação
O Sabor (e o Saber) da Saúde

Nesse tempo extremado de especialistas, é reconfortante saber que ainda existem médicos humanistas. O Dr. Haroldo Jacques – nosso *frère* Jacques – é ferrenhamente um destes. Privilegiando Hipócrates numa época de hipócritas, ele nunca perde de vista o objetivo principal da medicina: o ser humano.

Sempre atualizado em sua profissão, acompanha as últimas teses das revistas científicas, conhece o que há de mais novo em aparelhos com tecnologia de ponta, estuda as anamneses mais sofisticadas e se informa sobre os progressos fabulosos na área da farmacopéia. Mas possui uma noção aguda de que nada disso ajudará o médico se ele não mantiver o mais perfeito foco em sua relação com o paciente. Uma relação solidária, nunca solitária.

Refinado gourmet e cozinheiro de mão-cheia, Haroldo Jacques traz, neste novo livro, uma contribuição original para a literatura médica e gastronômica, mostrando, uma vez mais, que a melhor forma de combater a doença é a prevenção por meio da qualidade de vida. E não tem medo de abordar temas polêmicos como a importância do vinho para a saúde. A nobre e antiga bebida derivada da uva, consumida em doses moderadas, exerce efeitos benéficos sobre o sistema cardiovascular, ajudando a reduzir a doença cardíaca isquêmica e a arteriosclerose coronariana, que causa a angina e o infarto do miocárdio. Escorado nos mais recentes e confiáveis estudos científicos, Haroldo cita a pesquisa publicada no ano 2000 por dois biólogos moleculares americanos, segundo a qual a substância resveratrol, encontrada no vinho, pode controlar o mecanismo genético que auxilia a prevenção e o tratamento do câncer. Invertendo o clássico provérbio latino e proclamando *in vino sanitas*, os autores se valem, neste livro, dos conhecimentos de vários sommeliers e procuram sugerir um vinho básico para cada uma das refeições propostas.

Em linguagem direta e acessível, ele faz um cuidadoso repertório das "doenças antipáticas" que afligem o homem na sociedade moderna e, valendo-se das "receitas simpáticas" da chef Silvana Bianchi, sugere pratos ao mesmo tempo saudáveis e saborosos que podem contribuir para o prolongamento prazeroso da vida. Com muita ciência, Haroldo e Silvana enunciam uma equação infalível: SABER + SABOR = SAÚDE.

Roberto Muggiati

Introdução

O nosso corpo é um imenso laboratório. A cada milionésimo de segundo são processadas no organismo centenas de reações químicas importantes. A grande maioria das substâncias utilizadas nessas reações, fundamentais à vida, são provenientes dos alimentos que ingerimos. Dessa maravilhosa química do nosso organismo resultam a harmonia celular e o equilíbrio orgânico que nos proporcionam uma vida saudável. Quando ocorre um desequilíbrio nessa dinâmica celular, ocorrem as mais variadas alterações, que ocasionam as doenças.

Os atuais conhecimentos sobre o metabolismo do corpo humano demonstram a importância vital da nossa alimentação. A ampla divulgação da relação direta que existe entre o tipo de alimentação e a qualidade da saúde tem aumentado de forma exponencial a preocupação da nossa sociedade com os alimentos ingeridos. Atualmente, não são raras as publicações leigas que apresentam artigos sobre receitas e dietas as mais diversas. Os anúncios, em geral, procuram induzir à compra de alimentos manipulados, quer potencializados ou modificados, que têm como objetivo melhorar ou contribuir de forma efetiva para a manutenção da saúde. Infelizmente, a maioria das publicações sobre dietas tende a não se preocupar com o visual do prato, nem tampouco com o sabor da refeição. Esquecem que a degustação começa pela visão do alimento, uma vez que a beleza da apresentação da comida no prato aumenta o apetite, que, então, é saciado de forma prazerosa pelo seu sabor.

Com a adoção de medidas preventivas e do ponto de vista atual da medicina ortomolecular, hoje podemos almejar prolongar a nossa juventude ao retardarmos o processo de envelhecimento, e assim postergar o aparecimento de sinais e sintomas decorrentes da degeneração gradual do organismo. A degeneração celular pode ser minimizada se fizermos uso correto das substâncias antioxidantes que, em sua grande maioria, se encontram nos alimentos.

A alimentação orientada é o principal pilar da geriatria preventiva. O objetivo da alimentação orientada é atuar como uma verdadeira medicação coadjuvante em diversos tratamentos e também como nutrição preventiva para evitar certas doenças e o aparecimento de suas complicações, além de ser importante ferramenta contra o envelhecimento precoce. Dessa forma, combateremos os famigerados radicais livres que tanto mal fazem às células do nosso corpo, potencializando o desenvolvimento das doenças degenerativas como arteriosclerose, infarto do miocárdio, angina de peito, tromboses no sistema cardiovascular, entre outras, e favorecendo o aparecimento das doenças ditas de auto-agressão e também do câncer.

Dieta não deve ser sinônimo de punição nem de frustração. Regime nos traz a idéia de sacrifício e sofrimento.

Uma alimentação bem orientada e balanceada, com base em uma receita apetitosa e elaborada com amor, se torna saborosa, prazerosa e saudável. Assim, mesmo para combater a obesidade, preferimos usar o termo receitas orientadas, em virtude da má reputação e da imagem negativa das dietas.

Aqui você vai encontrar, em linguagem simples, aspectos das alterações da fisiologia do nosso organismo que dão origem a algumas doenças. Além disso, você também vai encontrar o tipo de alimentação mais adequado a cada patologia em que a comida assume um papel importante no tratamento e, quando adotada regularmente e de maneira habitual, pode desempenhar um significativo papel na prevenção. Mas, acima de tudo, o conteúdo deste livro exprime a nossa preocupação com o sabor e o requinte de uma alimentação adequada e saudável.

Seguindo essa filosofia, não trazemos nenhuma dieta e sim receitas apetitosas e nutritivas de uma alimentação orientada, baseadas em pesquisas e conceitos científicos e elaboradas com dedicação e carinho. Assim, este livro, ao mesmo tempo em que irá ajudar o leitor a evitar doenças antipáticas, o fará usufruir de receitas saborosas e simpáticas.

Alimentos Funcionais

Os alimentos ditos funcionais são definidos como qualquer substância alimentar ou componente de um alimento que proporciona benefício para a saúde, até na prevenção e no tratamento de uma doença. Eles fazem parte de uma nova concepção de alimento, lançada com base em um programa de governo do Japão na década de 1980. O objetivo desse programa era desenvolver alimentos saudáveis para sua população que envelhecia e tinha uma expectativa de vida longa. Atualmente, milhares de produtos têm sido lançados no mercado para atender às exigências do consumidor, que, cada vez mais, vem optando pela alimentação sadia.

Inúmeros produtos são industrializados livres de gordura, de colesterol ou de baixo teor de gordura. A lei que obriga os produtores a afixar um rótulo na embalagem especificando os percentuais de gordura total, gordura saturada, colesterol, fibras e sódio contidos no produto, permite que o consumidor rapidamente identifique o mais saudável e o mais conveniente. As receitas orientadas, quando empregam produtos industrializados, utilizam essas novas apresentações e atribuem, também, uma especial atenção aos compostos bioativos dos alimentos.

Os compostos bioativos mais importantes encontrados nos alimentos funcionais são os fitoquímicos, presentes nas frutas e nas verduras, que devem ser ingeridas diariamente. Estas apresentam grande potencial na modificação do metabolismo do corpo, agindo de maneira favorável na prevenção do câncer e de diversas doenças degenerativas.

Os terpenóides encontrados nos alimentos verdes, na soja e nos grãos, têm atividade antioxidante que combate os radicais livres. Um tipo de terpeno altamente pigmentado é o caroteno, presente nas frutas e nos legumes, basicamente na cenoura; outro tipo de terpeno é o licopeno, existente no tomate e na melancia. Alguns terpenos também são encontrados nas frutas cítricas – os limonóides –, que têm ação quimioterápica. Outros componentes bioativos são os compostos nitrogenados que aumentam a proteção contra a formação de tumores malignos. Os glucosinolatos contêm enxofre e estão presentes em alimentos como brócolis, alcaparra, couve-flor, repolho, rabanete e palmito. Os ácidos graxos poliinsaturados ômega-3 e ômega-6 – encontrados em peixes de água fria como o salmão, nos óleos vegetais, na semente de linhaça e nas nozes – previnem as doenças cardiovasculares, melhoram o nível do colesterol e dos triglicerídeos, além de favorecerem a antiagregação das plaquetas por meio do aumento da fluidez do sangue. Por fim, existem os polifenóis e flavonóides, que protegem contra a oxidação do colesterol mau; e os taninos, presentes nos vinhos e que dão à bebida um sabor adstringente.

Alimentos orgânicos, hidropônicos e transgênicos

Visando harmonizar o prazer da degustação com a necessidade da boa nutrição e da preservação da saúde, as pessoas têm se questionado sobre a qualidade dos alimentos e sobre a forma como estes são produzidos. É cada vez maior a atenção às conseqüências do uso intensivo e abusivo dos agroquímicos e aos processos de degradação dos recursos naturais e conseqüentes agressões ao meio ambiente.

Alimentos orgânicos

Os produtos orgânicos são obtidos sem agrotóxicos, sem fertilizantes químicos e sem conservantes químicos. Nesse grupo de alimentos estão incluídos, além das hortaliças e frutas *in natura*, sucos, molho de tomate, pão e até alimentos prontos para bebês. Os estudos mostram que os orgânicos possuem maior valor biológico (mais vitaminas e sais minerais), mais sabor e consistência e nutrientes em quantidades equilibradas. Os alimentos orgânicos, teoricamente, são melhores para a saúde porque os agricultores convencionais utilizam agrotóxicos no cultivo das verduras e das hortaliças, e estes (inseticidas, fungicidas, herbicidas e outros produtos químicos) permanecem nos alimentos. Mas, se os alimentos convencionais forem bem lavados e forem tomados os cuidados necessários, a ingestão de agrotóxicos pelo consumidor é ínfima. Uma pesquisa realizada em 2001 mostrou que as frutas e os vegetais usualmente consumidos nos Estados Unidos (EUA) possuíam em média a metade do teor vitamínico de seus semelhantes em 1963. Esse estudo foi baseado numa comparação de dados publicados pelo USDA (Departamento de Agricultura dos Estados Unidos).

Outro estudo científico publicado na Revista de Nutrição Aplicada mostrou que os alimentos orgânicos eram mais nutritivos comparados com os similares não orgânicos. Durante um período de dois anos, na periferia oeste de Chicago, compararam-se maçãs, batatas, peras, trigo e milho tanto de produção orgânica como de convencional, e tais produtos então eram analisados quanto ao seu conteúdo mineral. Os alimentos de origem orgânica apresentaram, em média, 63% a mais de cálcio, 73% a mais de ferro, 118% a mais de magnésio, 178% a mais de molibdênio, 91% a mais de fósforo, 125% a mais de potássio e 60% a mais de zinco. Além disso, o alimento orgânico apresentou, em média, 29% a menos de mercúrio do que o alimento convencional.

Um artigo científico publicado na Journal of Agricultural and Food Chemistry (Revista de Química Agrícola e Alimentícia), em fevereiro de 2003, confirmou que milho e morangos orgânicos têm níveis significativamente mais altos de antioxidantes combatentes do câncer do que os alimentos convencionais. Alguns desses compostos, como os flavonóides, são componentes fenólicos com grande capacidade antioxidante. Muitos são produzidos pela própria planta em resposta ao estresse ambiental, caracterizado pelos insetos e pelas plantas competitivas. São componentes protetores que atuam como defesa natural da planta e possuem também propriedades protetoras da saúde humana e animal. Pesquisas sugerem que agrotóxicos e herbicidas interrompem a produção desses componentes protetores. Uma boa nutrição do solo parece elevar os índices desses componentes naturais que têm propriedades anticancerígenas, estimulantes do sistema imunológico e redutores dos efeitos do envelhecimento.

Os produtos orgânicos são produzidos com adubos naturais (pó de rochas, farelos de algodão e mamona, composto de palha curtida, conchas moídas etc.), enquanto os produtos convencionais são produzidos com adubos químicos (uréia, amônia, cloreto de potássio, superfosfato duplo etc.), que contaminam o solo e os rios. Para que a carne seja classificada como orgânica, o gado não pode receber medicação veterinária, à exceção das vacinas, e o frango não deve ser alimentado com ração que contenha hormônio do crescimento. O açúcar não passa pelo refino industrial, e o mel, por exemplo, deve ser extraído de apiários localizados em regiões nas quais as abelhas só consigam retirar o pólen e o néctar de flores cultivadas em áreas livres de agrotóxicos.

A filosofia no cultivo dos produtos orgânicos é a de sempre respeitar a natureza e não agredir o meio ambiente. A produção orgânica tem como objetivo o equilíbrio sustentável do ambiente. Portanto, no cultivo estão proibidos os agrotóxicos, adubos químicos e as sementes transgênicas. Os animais são criados sem uso de hormônios de crescimento, anabolizantes ou outras drogas, como os antibióticos.

Além disso, os agricultores orgânicos preservam a vegetação nativa e cuidam das nascentes de água pura, proveniente de minas. O ideal é só consumir produtos orgânicos com certificado, que apresentem na embalagem o selo de garantia da AAO (Associação de Agricultura Orgânica). O consumo de orgânicos aumenta em torno de 40% ao ano, apesar de o preço ser, em média, de 30% a 50% superior ao dos produtos convencionais.

Alimentos hidropônicos

A palavra hidroponia é formada pelos radicais gregos *hydro* = água e *ponos* = trabalho. A hidroponia é um sistema de cultivo dentro de estufas, sem o uso do solo. Apesar de ser uma técnica relativamente antiga, o termo hidroponia só foi utilizado pela primeira vez pelo Dr. W. F. Gerke, em 1930.

Os nutrientes que a planta precisa para se desenvolver são fornecidos somente por água enriquecida com uma solução nutritiva que contém os elementos necessários: nitrogênio, potássio, fósforo, magnésio etc. dissolvidos na forma de sais. Basicamente, qualquer água potável para consumo humano serve para hidroponia. Existem diversos processos hidropônicos como: *floating*, aeroponia, NFT etc. O processo NFT, por exemplo, elimina os antigos métodos de telha, plástico e brita e tubos de PVC e os substitui por um perfil de polipropileno totalmente atóxico, isento de metais pesados, que não contamina a planta e confere maior sustentação aos vegetais.

As vantagens da cultura hidropônica para a saúde do consumidor é que as plantas não entram em contato com bactérias, fungos, insetos e vermes que se encontram no solo. Portanto, são plantas mais saudáveis, pois crescem em ambiente controlado, procurando atender às exigências de cada cultura.

Todo produto hidropônico é vendido na embalagem, não entrando em contato direto com mãos, caixas, caminhões etc. A incidência de pragas e doenças é quase inexistente, diminuindo ou eliminando a aplicação de defensivos.

Os vegetais hidropônicos duram mais, dentro ou fora da geladeira, pois permanecem com a raiz. Na embalagem, o consumidor pode identificar a marca, o local da produção, o nome do produtor ou responsável técnico, as características do produto e o telefone de contato. Apesar de essa maneira de cultivo evitar o contato com o solo, produtos químicos podem ser adicionados à água para conservar e proteger as plantas contra fungos e bactérias. Como essa técnica especial de cultivo requer maior gasto, há um aumento final no preço do produto.

Alimentos transgênicos

São alimentos contendo organismos geneticamente modificados ou derivados destes. Esses produtos são desenvolvidos em laboratórios com a utilização de genes de espécies diferentes de animais, vegetais ou micróbios. Organismos geneticamente modificados são definidos como organismos que tenham sido alterados geneticamente por métodos ou meios artificiais. A modificação genética é conseguida em laboratório por meio de diversas técnicas, que incluem: DNA recombinante, introdução direta em um organismo de material hereditário de outra espécie – incluindo microinjeção, microencapsulação, fusão celular e técnicas de hibridização – com formação de novas células ou novas combinações genéticas. Por exemplo, pode ser introduzido um gene inseticida para que a planta passe a produzir substâncias de resistência a insetos predadores. Orientada pela engenharia genética, pode ser feita a manipulação de moléculas de material genético (que são manipuladas fora das células vivas), mediante modificação de segmentos de DNA/RNA, natural ou sintético, que possam multiplicar-se em uma célula viva, ou mesmo de moléculas de DNA/RNA resultantes dessa multiplicação.

O cultivo de um transgênico que se tornou mais resistente aos insetos e pragas proporcionará sensível redução do uso de agrotóxicos e, portanto, a sua cultura será menos dispendiosa. Outras vantagens e desvantagens estão atualmente sendo pesquisadas, em especial o possível desequilíbrio causado ao ecossistema.

Dicas importantes:

• Lave bem todos os vegetais que comprar, mesmo aqueles rotulados "pronto para o consumo". Algumas pesquisas relataram a presença de pulgões em alimentos ditos limpos.

• Use água corrente para a limpeza, mesmo para os orgânicos.

• Deixe os vegetais na geladeira por pelo menos duas horas antes de lavá-los. Lavá-los ao chegar da feira ou do mercado fará com que o alimento absorva a água, mantendo qualquer tipo de contaminação. Depois, deixe-os de molho por cinco minutos em uma solução com 50 ml de vinagre para 1 litro de água. Lembre-se de que uma boa higiene dos vegetais é capaz de retirar os resíduos tóxicos. O risco de uma intoxicação, nesses casos, é mínimo.

• Escove os legumes em água corrente. Nesse caso, a solução de vinagre não é indicada, pois pode deixar gosto.

• Não escolha legumes muito grandes ou fora das medidas "normais", pois podem ser resultado da utilização de adubo e estimulantes artificiais.

• Quando for possível, descasque frutas e legumes. A casca de alguns alimentos, apesar de ser uma área de maior concentração de vitaminas, às vezes recebe uma camada de cera para que não murche ou não perca a umidade, e também é a casca que está mais exposta à ação de fungicidas.

O que você precisa saber sobre alimentos dietéticos

Os alimentos dietéticos têm surgido de forma crescente nas prateleiras dos supermercados, acompanhando a tendência internacional de revolucionar o setor alimentício. O que há anos só era encontrado em farmácias, hoje, está presente nos mercados em geral, atingindo um número muito maior de consumidores.

A população deve, portanto, informar-se a respeito do significado dos rótulos usados nas embalagens desses produtos, uma vez que o termo dietético possui sentido muito amplo e não representa somente alimentos que não contêm açúcar ou que sejam de baixa caloria. Devem ser incluídos nesse termo não só alimentos utilizados em dietas de restrição de açúcares, como também de colesterol, gorduras, sódio, aminoácidos ou proteínas, além de produtos para dietas de controle do peso e alimentos para dietas especiais.

Alimentos diet

São alimentos formulados especialmente para atender a algum tipo de dieta. O produto deve estar caracterizado como "alimento dietético" e sua composição deve estar detalhada no rótulo. É importante chamar a atenção para o fato de que nem sempre o produto rotulado como dietético pode ser utilizado por diabéticos. É necessário que se identifique no rótulo ou na embalagem a informação que o produto não contém sacarose (açúcar), mas sim adoçantes artificiais.

Alimentos light

São produtos que têm quantidade reduzida de algum item de sua composição. Podem estar reduzidos o sal, o açúcar, a gordura, o colesterol, a cafeína etc. Um alimento light pode ter uma redução de, no mínimo,

34% do valor calórico total em relação a um produto similar não light. Os produtos adocicados, em geral, não são totalmente isentos de açúcar.

Alimentos low

O termo low significa baixo e é aplicado a líquidos e bebidas que encerram em sua composição 20 kcal/100 ml ou alimentos sólidos ou pastosos que possuam até 50 kcal/ml.

Alimentos free

O termo free significa livre e só deve ser usado em produtos completamente isentos de algum componente. Se o produto for brasileiro, o rótulo deve indicar o componente não incluído.

A Importância da Água para o Organismo

Beber água com regularidade é um hábito saudável que deve ser adotado por todas as pessoas. Podemos ficar longos períodos sem nos alimentar, mas, sem água, em pouco tempo a vida se torna inviável. Apesar de sabermos a importância para o organismo de uma ingestão adequada de água, quase sempre negligenciamos esse conhecimento.

São inúmeras e complexas as funções que a água exerce no organismo. Ela hidrata mais de cem trilhões de células, regula a temperatura corporal, controla a pressão arterial e transporta nutrientes, oxigênio, hormônios, além das substâncias tóxicas ao organismo, que precisam ser eliminados.

Cerca de 70% de nosso organismo é formado de água. Logo, uma pessoa que pesa sessenta quilos tem, aproximadamente, 42 litros de água na constituição do seu corpo. Normalmente, em 24 horas, perdemos em média 1,2 litro de água pela urina, 100 ml pelas fezes, 400 ml pelo suor e 300 ml pelos pulmões, totalizando uma perda de 2 litros de água por dia.

A ingestão de água deve ser proporcional aos gastos calóricos do indivíduo. Ela não deve ser bebida de uma só vez, mas sim ingerida ao longo do dia.

Quando uma pessoa não se hidrata devidamente, podem surgir várias alterações orgânicas como: prisão de ventre, hemorróidas, formação de cálculos renais, ressecamento da pele e dos cabelos e, em casos mais graves, confusão mental, queda da pressão arterial e choque que pode levar até a morte.

As pessoas que praticam exercícios regularmente devem beber água não só durante e após o exercício, mas ao longo do dia; e os atletas, antes, durante e depois de treinos e competições, o que deve ser considerado uma necessidade absoluta. A desidratação ocorre pela perda principalmente de água e de sais minerais que desempenham importante função no sistema nervoso e muscular. Na realidade, a perda desses elementos pelo suor não tem maior importância se houver uma adequada reposição de água, que pode ser feita com água pura filtrada, soluções isotônicas, água de coco, refrescos, sucos de fruta, chás e sopas.

Nas crianças e nos idosos, a desidratação ocorre com mais freqüência e é mais perigosa. Nos indivíduos idosos, a necessidade de ingestão de líquidos deve ser uma preocupação constante em virtude da utilização de medicamentos que induzem o aumento do volume urinário, como os diuréticos, e a redução na sensibilidade à sede, em razão do envelhecimento dos centros no cérebro que mediam a quantidade de líquido no organismo.

Dicas para uma melhor hidratação:

• Mantenha sempre uma garrafa de água no carro, no escritório, na sala de aula ou na sua mesa de trabalho. Beba todo o seu conteúdo regularmente de tempos em tempos.

• Beba pouco líquido durante as refeições, para não dilatar o seu estômago e dificultar a digestão, mas volte a beber em intervalos regulares entre as refeições. Não espere sentir sede.

• A cor da urina é um excelente parâmetro: quanto mais escura e concentrada, maior a necessidade de se tomar água (exceto quando a alteração de cor se deve ao uso de algum medicamento) – o ideal é que a urina esteja clara e cristalina, quase como água.

• Nos dias quentes e abafados, redobre a atenção consigo mesmo, com as crianças e com os idosos. Lembre-se de que quando você sentir sede já é um sinal de que seu organismo está precisando de líquido, particularmente de água.

Arteriosclerose

Arteriosclerose é um processo degenerativo das artérias do corpo humano. Essa alteração é lenta e insidiosa e pode afetar diversas artérias do corpo. A arteriosclerose torna as artérias endurecidas, sem elasticidade e com as paredes espessadas. A palavra *sclero*, do grego, significa exatamente "endurecimento". Até hoje, existem inúmeras teorias que tentam explicar como a arteriosclerose se inicia e como ela progride, mas nenhuma delas, por si só, esclarece totalmente o mecanismo de seu aparecimento. Múltiplos fatores conhecidos como "fatores de risco" participam desse processo, sendo o genético um dos mais importantes. Toda pessoa tem maior ou menor predisposição constitucional para desenvolver a arteriosclerose, dependendo da sua herança familiar. Outros fatores importantes no desenvolvimento da arteriosclerose são o estilo de vida e os hábitos alimentares.

O tipo mais comum de arteriosclerose é a aterosclerose, em que se formam placas endurecidas no interior das artérias, chamadas ateromas. Essas placas crescem dentro das artérias e o seu crescimento provoca a obstrução do vaso sanguíneo. O início dessa formação acontece quando se depositam gotículas de gordura e de colesterol no revestimento interno e ainda macio da artéria, que se chama endotélio, e que, aos poucos, num mesmo ponto, vão se agregando outros elementos que as endurecem, formando por fim o ateroma. Essa estrutura, uma verdadeira placa, formada por cálcio, colesterol e outras gorduras que se encontram no sangue, bloqueia o fluxo de sangue. Essa placa pode ser comparada a uma ferrugem que se deposita dentro de um cano e que, com o seu crescimento, lentamente vai reduzindo a sua luz e progressivamente dificulta a passagem do líquido pelo interior do tubo até ocasionar o entupimento. No organismo humano o tubo é a artéria e o líquido é o sangue.

Qualquer redução do fluxo sanguíneo arterial causa uma isquemia, que é a diminuição do suprimento de sangue e conseqüentemente de oxigênio e nutrientes a uma determinada região do corpo. A obstrução total da passagem do sangue ocasiona a trombose. Quando isso ocorre, toda a área que deveria ser irrigada pela artéria ocluída não recebe o sangue necessário, causando uma necrose ou um infarto, que é a morte das células e dos tecidos da área atingida.

Nas pessoas com mais de 50 anos a arteriosclerose está presente e é responsável de maneira direta ou indireta por 75% das causas de morte.

O infarto do miocárdio mata aproximadamente 300 mil brasileiros a cada ano e ocorre pela obstrução de uma ou mais artérias que irrigam o coração, causando uma parada no suprimento de sangue em determinadas áreas do músculo cardíaco. Sem o oxigênio transportado pelo sangue que fluiria por essas artérias, os tecidos atingidos necrosam.

O infarto agudo do miocárdio tem como principal responsável as placas duras depositadas nas paredes dos vasos coronarianos, importante via de circulação que proporciona a nutrição do músculo cardíaco. Estudos recentes chamam a atenção da presença de placas moles, formadas essencialmente de gorduras, que são mais propensas a se romper e obstruir as artérias coronárias. Entre os elementos que compõem as placas moles, a fração LDL do colesterol (o mau colesterol) é a mais importante. Uma alimentação orientada e o uso das estatinas têm a capacidade de reduzir a fração LDL do colesterol em até 40%.

A prevenção é fundamental e uma atenção especial deve ser dada àquelas pessoas que têm histórico familiar de doença coronariana, aos fumantes, aos sedentários, aos hipertensos e aos diabéticos.

Os exercícios aeróbicos praticados regularmente elevam o nível da fração boa do colesterol (HDL), que tem como uma de suas funções tirar da circulação a fração ruim do colesterol (LDL), levando-a até o fígado, onde então ela será eliminada. Em suma, quanto mais HDL e menos LDL no sangue, melhor será para o organismo.

Um outro fator que reduz o calibre das artérias é o espasmo gerado pelo estresse. Muitos episódios de infarto agudo do miocárdio são precipitados pelo espasmo e conseqüente redução da circulação coronariana, que ocorre no momento de um estresse mais intenso.

Pesquisadores publicaram no JAMA (The Journal of the American Medical Association) um trabalho sobre a possível capacidade de vitaminas antioxidantes prevenirem a arteriosclerose. Estudos demonstraram que o processo de alteração do mecanismo endotelial acontecia em razão de uma redução da capacidade de autoproteção do próprio endotélio. Foi confirmado que uma única refeição com alta concentração de gordura, mesmo em pessoas saudáveis com o colesterol dentro dos limites normais, pode reduzir a função de autoproteção do endotélio durante um período de mais de quatro horas. Isto facilitaria o início da formação das temíveis placas de ateroma. Já as pessoas que faziam tratamento antioxidante com vitaminas C e E não sofriam essa redução da capacidade de autoproteção do endotélio.

Além da predisposição genética, o nível de colesterol tem relação direta com os hábitos alimentares e a atividade física da pessoa.

A maior parte do colesterol do nosso corpo é produzida no fígado. Essa quantidade é em torno de 70% do colesterol total. Se por uma disfunção metabólica o nível de colesterol se encontra elevado ou acima do normal, deve-se evitar a ingestão de alimentos que contenham alto teor desse lipídio. Apesar de o colesterol ser essencial ao organismo – uma vez que todas as membranas das células necessitam dele para sua formação, assim como na formação de grande número de importantes hormônios –, se ele ultrapassar o limite da normalidade, se torna perigoso para a saúde. O nível do colesterol no sangue aumenta significativamente quando consumimos alimentos ricos em gordura saturada e colesterol, como manteiga, ovos, cremes, leite integral, carnes vermelhas etc. Os alimentos ingeridos passam pelo estômago, onde são parcialmente digeridos, seguem para os intestinos, onde prossegue o processo digestivo e se dá a absorção. Os ácidos graxos e o glicerol liberados pelos alimentos gordurosos e ricos em colesterol são absorvidos pelas paredes dos intestinos, passam para os vasos linfáticos e depois entram na circulação sanguínea.

Fatores de risco

Não controláveis

• Hereditariedade: pessoas que têm pais e/ou irmãos que já sofreram infarto têm três vezes mais probabilidade de serem vítimas de um infarto.

Controláveis

• Hipertensão arterial: entre os hipertensos, o risco de ter um infarto é três vezes maior, particularmente naqueles que não controlam devidamente a pressão com medicação e alimentação adequada (ver capítulo sobre Hipertensão Arterial).

• Colesterol alto: quando o colesterol se encontra acima dos níveis desejáveis, a pessoa tem três vezes mais chance de ter um infarto. Hoje, o nível ideal é abaixo de 200 mg/dl.

• Diabetes: entre os homens o risco é o dobro e na mulher de quatro a cinco vezes maior (ver capítulo sobre Diabetes).

• Estresse: o estresse muito intenso e continuado é chamado de distresse, e quando não administrado duplica a chance de a pessoa ter um infarto (ver capítulo sobre Estresse).

Evitáveis

• Tabagismo: quem fuma vinte cigarros por dia tem três vezes mais risco de ter um infarto.

• Sedentarismo: em comparação com uma pessoa que pratica regularmente exercícios, o sedentário tem 40% mais probabilidade de ter um infarto.

• Obesidade: o obeso é duas vezes mais propenso ao infarto (ver capítulo sobre Obesidade).

Hábitos alimentares recomendados

É imprescindível reduzir de forma substancial o consumo de gordura animal, de gorduras saturadas, de gorduras de laticínios (leite integral, queijos amarelos) e de margarina, que aumentam a oxidação da fração LDL do colesterol, chamado mau colesterol. Isto facilita a sua deposição na parede da artéria, favorecendo a formação da placa de ateroma. Também devem-se evitar frituras em geral e, na alimentação diária, dar preferência às carnes brancas cozidas e comer peixe, no mínimo, três vezes por semana. É recomendável que se coma muita fruta, legumes e verduras.

Ao temperar os alimentos, deve-se evitar o excesso de sal, inimigo dos hipertensos – levando-se em consideração que a hipertensão é um importante fator de risco da arteriosclerose –, podendo abusar do alho e da cebola. O alho age beneficamente ao reduzir a oxidação da fração LDL. Seiscentos miligramas de alho em pó por dia reduziram em 34% a oxidação da fração LDL. Nesse processo, tanto o alho cozido quanto o desidratado em pó são mais eficazes do que o cru.

Alguns pesquisadores recomendam beber uma a duas taças de vinho tinto por dia. Embora com hábitos alimentares pouco recomendados do ponto de vista da prevenção das doenças cardiovasculares, pois comem muita gordura saturada (creme de leite, manteiga, *foie gras*), os franceses não apresentam um índice de mortalidade por doença coronariana tão elevado como se poderia supor. É o chamado "paradoxo francês". Alguns especialistas acreditam que isso se deva ao vinho tinto. O vinho reduz a probabilidade de formação de coágulos dentro dos vasos (trombos) e aumenta o nível do "bom colesterol", que é a fração HDL. Os componentes fenólicos do vinho, os flavonóides, parecem interferir na oxidação do "mau colesterol". Um estudo feito na Dinamarca acompanhou durante 12 anos os hábitos de bebida de 13 mil homens e mulheres com idades entre 30 e 70 anos. Constatou-se que a cerveja não tinha efeitos significativos nas taxas de mortalidade, já os destilados estavam associados a níveis mais elevados de incidência de doenças cardíacas e morte. Entretanto, os que bebiam de três a cinco taças de vinho por dia pareciam ter menor taxa de mortalidade por causa de doenças do coração.

Finalmente, recomenda-se, além da alimentação saudável e orientada, tomar diariamente pela manhã 400 UI a 800 UI de vitamina E, 500 mg a 1.000 mg de vitamina C, 50 mcg a 100 mcg de selênio e 10 mg de coenzima Q-10. Esse verdadeiro coquetel de vitaminas, juntamente com as refeições orientadas, tem a capacidade de combater os radicais livres oriundos da oxidação da fração LDL do colesterol, que vão lesar a camada interna das artérias e fazer com que nesse local surja a placa de ateroma.

Alimentação ideal

Alimentos indicados: cebola (muita), alho (muito) – desde que a pessoa goste – arroz integral, massas diversas (sem ovo), cenoura, lentilha, rã, ostras, badejo, cherne, namorado, robalo, congro-rosa, pescadinha, salmão, atum, sardinha, arenque, peito de peru, frango, carne de vitela magra, ervilha, aspargo, couve, couve-flor, couve-de-bruxelas, espinafre, bertalha, abóbora, agrião, acelga, rabanete, chicória, alface, tomate, broto de alfafa, feijão-de-soja e outros, como repolho, berinjela, milho, brócolis, cogumelo, banana, maçã, laranja, tangerina, figo, figo seco e semente de gergelim.

Alimentos proibidos: creme de leite, leite integral, leite condensado, manteiga, amanteigados, empanados, doré, à milanesa, frituras, folheados, maionese, suflês que contenham gema de ovo, toucinho, bacon, óleo de dendê, óleo de coco, salsicha, salame, presunto, patê, rim, ovas de peixe (inclusive caviar), queijos gordurosos, croissants, brioches, bolos recheados com creme de leite, salgadinhos fritos, molhos à base de manteiga, sopas cremosas, sorvete de creme, milk-shake e doce de leite.

Dicas para o café-da-manhã:
- frutas picadas (mamão, banana, maçã, figo) à vontade;
- iogurte desnatado;
- chá;
- pão integral com queijos brancos (ricota, minas, cottage);
- geléia de frutas;
- flocos de aveia com leite desnatado;
- vitamina de frutas com semente de linhaça (ver Liquid Foods).

Arteriosclerose

Entradas

Sopa de Abóbora com Pimenta-Dedo-de-Moça

1,3kg de abóbora baiana
1 colher de sopa de óleo de milho
1 colher de sopa de sálvia fresca picada
4 fatias de pão de forma, sem gordura (cada fatia cortada em 6 quadradinhos)
1/2 cebola grande picada (1/2 xícara)
1 pimenta-dedo-de-moça grande sem as sementes, picada bem pequeno
3 1/2 xícaras de caldo de frango sem gordura (ver DICAS)
sal a gosto
croutons para decorar

Utensílios Necessários:
papel-alumínio, processador de alimentos

Preparo:
1. Descasque a abóbora, tire as sementes e corte em quadrados de tamanho médio.
2. Cubra as abóboras com papel-alumínio e leve-as ao forno médio até ficarem macias, por mais ou menos 35 minutos. Reserve.
3. Em uma panela, esquente o óleo e a sálvia, coloque o pão e deixe-o dourar, mexendo sempre, por aproximadamente 4 minutos. Retire o pão e a sálvia e reserve.
4. Nessa mesma panela, coloque a cebola e deixe dourar por 5 minutos. Junte a pimenta picada, a abóbora e o caldo de frango. Deixe cozinhar por mais alguns minutos para tomar gosto.
5. Passe pelo processador e, se necessário, corrija o sal.
6. Sirva quente com os croutons e a sálvia por cima.

Vinho: Pol Clement Blanc des Blanc Brut – Cie. Française des Vins Mousseux – França – Expand Group – Sommelier: Paulo Nicolay

Creme de Couve-Flor

1 colher de sopa de azeite
1 alho-poró cortado em fatias e bem lavado (só a parte branca)
1 colher de sobremesa de gengibre ralado fresco
1 couve-flor grande com aproximadamente 900g (bem lavada e separada em raminhos)
500ml de caldo de frango (ver DICAS)

Para Decorar:
folhas de hortelã

Utensílios Necessários:
panela grande, liquidificador

Preparo:
1. Esquente o azeite numa panela grande, junte o alho-poró e o gengibre. Deixe amolecer o alho-poró.
2. Junte a couve-flor, misture bem e acrescente o caldo de frango. Deixe cozinhar a couve-flor em fogo médio em panela destampada por aproximadamente 15 minutos.
3. Retire do fogo e bata a couve-flor no liquidificador. Acrescente aos poucos o caldo necessário para consistência de creme grosso.
4. Sirva quente enfeitado com folhas de hortelã.

Vinho: Verdicchio Dei Castelli di Jesi Classico DOC – Umani Rochi – Itália (Marche) – Expand Group Brasil – Sommelier: Paulo Nicolay

Salada de Lentilhas

1 xícara de lentilhas deixadas de molho por 4 horas
3 colheres de sopa de azeite
1 talo de aipo da parte interna macia (sem os fios, cortado em cubinhos de 1cm)
1 litro de caldo de frango (ver DICAS)
sal e pimenta-do-reino moída na hora, a gosto
1 maçã deliciosa descascada, cortada em cubinhos de 1cm
3 colheres de sopa de nozes picadas
3 colheres de sopa de manjericão fresco picado

Utensílios Necessários:
escorredor, liquidificador

Preparo:
1. Refogue as lentilhas, escorridas da água em que ficaram de molho, no azeite com o aipo.
2. Junte o caldo de frango e deixe cozinhar em panela tampada em fogo brando. Quando a lentilha estiver cozida, escorra e reserve o líquido.
3. No liquidificador, coloque as lentilhas e vá acrescentando o líquido reservado até formar uma mistura homogênea e cremosa. Corrija o sal e, se desejar, adicione também pimenta-do-reino moída na hora.
4. Sirva quente, com os cubinhos de maçã e as nozes e o manjericão picados polvilhados por cima.

Pratos Principais

Espetinhos de Peito de Frango ao Curry com Couscous de Maçã

Para o Espetinho de Peito de Frango ao Curry:
300g de peito de frango sem pele, cortado em cubinhos de 2,5cm
1 colher de sopa de shoyu

Para o Molho:
1 colher de sopa de gengibre fresco ralado
2 dentes de alho amassados
2 colheres de chá de curry "MILD" (suave)
150ml de leite desnatado
1 colher de sopa de açúcar
1 colher de chá de amido de milho
2 colheres de chá de água
1 colher de sopa de suco de limão
sal a gosto

Para o Couscous de Maçã:
2 xícaras de água
1 colher de chá de azeite
1 xícara de couscous pré-cozido
1/2 xícara de maçã crua em cubinhos de 1cm

Para Decorar:
1/2 xícara de coentro fresco picado

Utensílios Necessários:
4 espetinhos de madeira, frigideira antiaderente, travessa

Preparo do Espetinho de Peito de Frango ao Curry:
Misture o frango e o molho de soja. Deixe tomar gosto por 1 hora na geladeira.

Coloque 4 espetinhos de madeira de molho na água fria por 15 minutos. Divida os cubinhos de frango em 4 partes iguais e enfie nos espetinhos. Doure na frigideira até ficarem cozidos em fogo médio, virando dos dois lados. Retire-os e mantenha-os quente.

Preparo do Molho:

1. Na mesma frigideira, junte o gengibre, o alho e o curry. Deixe esquentar por 1 minuto.
2. Acrescente o leite e o açúcar e mexa bem por mais 5 minutos.
3. Num recipiente, dissolva o amido de milho em água.
4. Junte à mistura do leite e mexa continuadamente até engrossar por aproximadamente 2 minutos.
5. Retire do fogo e junte o suco de limão. Corrija o sal.

Preparo do Couscous de Maçã:

1. Leve a água para ferver. Acrescente o azeite, quando estiver fervido e retire do fogo.
2. Junte o couscous, tampe a panela e mantenha fora do fogo. Deixe cozinhar por 4 minutos. Destampe a panela, junte a maçã picada, misture bem e reserve até a hora de servir.

Montagem:

Coloque em uma travessa o couscous de maçã. Arrume os espetinhos por cima. Cubra com o molho e enfeite com o coentro. Sirva em seguida.

Vinho: *Santa Julia Viognier – Familia Zuccardi – Argentina (Mendoza) – Expand Group; Santa Julia Torrontés – Familia Zuccardi – Argentina (Mendoza) – Expand Group – Sommelier: Paulo Nicolay*

Linguado com Ratatouille

Para o Linguado:
2 filés de linguado com aproximadamente 200g cada um
sal e pimenta-do-reino moída na hora a gosto

Para a Ratatouille:
1 colher de chá de azeite
150g de berinjela picada com casca (em cubinhos de 1cm)
1 cebola pequena picada
1 colher de chá de ervas de Provence
1 pimentão amarelo pequeno (cortado como a berinjela)
1 colher de chá de açúcar
sal e pimenta-do-reino moída na hora a gosto
2 tomates sem pele e sem sementes cortados do mesmo jeito
1 dente de alho
1 colher de sopa de extrato de tomate
3 colheres de sopa de folhas de manjericão fresco picado
1/2 xícara de caldo de frango sem gordura (ver DICAS)

Utensílios Necessários:
triturador de alimentos, frigideira antiaderente, travessa

Preparo do Linguado:
Tempere os filés com sal e pimenta e doure-os na frigideira antiaderente, mais ou menos dois minutos de cada lado.

Preparo da Ratatouille:
1. Em uma frigideira junte o azeite, a berinjela, a cebola e as ervas de Provence. Refogue até ficarem macias.
2. Retire estes ingredientes da frigideira e nela coloque o pimentão. Deixe amolecer e junte os outros vegetais refogados anteriormente.
3. Tempere com açúcar, sal e pimenta. Depois que estiverem macios, junte os tomates e o alho. Deixe tomar gosto por mais 3 minutos.

4. Coloque o extrato de tomate, tampe e finalize o cozimento. Retire do fogo e deixe esfriar. Acrescente o manjericão.

5. Corrija os temperos. Coloque metade do refogado de vegetais no triturador com o caldo de frango e leve ao fogo para esquentar.

Montagem:

No fundo da travessa coloque o creme da ratatouille. Tempere com o azeite. Sobre ele, os filés e, sobre estes, a ratatouille em pedaços. Enfeite com manjericão fresco picado na hora. Caso queira, sirva com espinafre cozido no vapor.

Vinho: *Cawarra Sémillion/Chardonnay – Lindemans Winnes – Austrália (South Australia) Expand Group – Sommelier: Paulo Nicolay*

doenças antipáticas

Atum Mediterrâneo

300g de atum em posta
sal e pimenta-do-reino a gosto
150g de tomate pelado, cortados em cubos
1 dente de alho cortado em fatias finas
150g de cebola cortada em fatias bem finas
1 colher de sopa de azeite extravirgem
1/2 xícara de folhas de manjericão
1 colher de sopa de orégano

Utensílio Necessário:
pirex ou travessa refratária

Preparo:
1. Coloque as postas de atum em um pirex ou travessa e tempere com sal e pimenta.
2. Sobre elas, arrume os tomates, o alho e a cebola.
3. Pingue o azeite. Coloque o manjericão e o orégano. Leve ao forno por aproximadamente 30 minutos.
4. Sirva na própria travessa.

Sugestão de Acompanhamento:
Aspargos frescos cozidos com casca de limão-siciliano ralado por cima juntamente com a pimenta.

Vinho: La Arboleda Chardonnay – Robert Mondavi & Eduardo Chadwick – Chile (Valle de Casablanca) Expand Group; Bourgogne Chardonnay Château de Dracy – Albert Bichot – França (Bourgogne) Expand Group – Sommelier: Paulo Nicolay

Rãs em Molho Tropical

3 colheres de sopa de abacaxi picado
3 colheres de sopa de pepino picado
3 colheres de sopa de pimentão vermelho picado
3 colheres de sopa de manga picada
3 colheres de sopa de coentro picado
2 colheres de sopa de suco de limão verde
sal e pimenta-do-reino a gosto
250g de carne de rã (preferencialmente apenas as coxas – já limpas e sem veias escuras)
rodelinhas de limão verde, para decorar

Dica: Este prato pode ser servido como entrada ou como prato principal com arroz branco apenas cozido em água e sal e escorrido (arroz pilaf). Pode ser servido também com arroz basmati.

Utensílios Necessários:
frigideira antiaderente, travessa, prato de serviço

Preparo:
1. Num recipiente, junte o abacaxi, o pepino, o pimentão, a manga, o coentro, o suco de limão e tempere com sal e pimenta.
2. Na frigideira, sobre fogo alto, leve as coxinhas de rã para grelhar, rapidamente temperadas com sal e pimenta.
3. Deixe dourar e transfira para uma travessa mantendo-as aquecidas.

Montagem:
Leve as rãs para o prato de serviço e arrume o molho por cima. Enfeite com rodelinhas de limão verde.

Vinho: Prosecco di Conegliano D.O.C. Brut – Azienda Domenico de Bertiol – Itália (Veneto) – Expand Group – Sommelier: Paulo Nicolay

Filé de Congro à Moda Chinesa

4 filés de congro com aproximadamente 80g cada
sal e pimenta-do-reino moída na hora a gosto
1 colher de sopa de óleo de gergelim
40g de cenoura sem casca
40g de alho-poró
40g de aipo sem os fios
40g de pimentão vermelho sem sementes
40g de ervilha da Mônica sem os fios ou ervilha torta sem os fios
1 colher de sopa de vinagre de arroz
1 colher de sopa de molho de soja
100ml de caldo de peixe (ver DICAS)
1 a 2 colheres de sopa rasas de amido de milho misturado com 1 colher de sopa de água fria
folhas inteiras de coentro, para decorar

Utensílios Necessários:
frigideira, frigideira grande ou wok

Preparo:
1. Lave os filés, enxugue-os e tempere-os com sal e pimenta.
2. Cozinhe os filés em uma frigideira com pouca água, fervendo por uns 2 minutos. Retire com cuidado e reserve.
3. Na frigideira grande, coloque o óleo de gergelim, leve ao fogo e acrescente os vegetais. Deixe refogar por uns 2 minutos. Junte o vinagre de arroz, o molho de soja e o caldo de peixe. Deixe ferver mais uns 2 minutos e acrescente o amido de milho dissolvido em água. Para engrossar, deixe mais uns 2 minutos. Corrija o tempero.

Montagem:
Arrume os vegetais no fundo do prato aquecido. Por cima, arrume os filés aquecidos. Guarneça com o coentro.

Vinho: Norton Sauvignon Blanc Barrel Select – Bodega Norton – Argentina (Mendoza) – Expand Group – Sommelier: Paulo Nicolay

Codornas Recheadas

Para as Codornas:
2 codornas limpas e desossadas (encontradas em lojas especializadas)
2 copos de vinho branco seco
sal e pimenta-do-reino a gosto
1 cenoura grande sem casca picada
1 cebola descascada picada ou 1 alho-poró lavado e picado (só a parte branca)
1 talo de aipo sem os fios e picado
1 ramo de alecrim fresco

Para o Recheio:
100g de peito de frango moído
5 azeitonas verdes picadas
3 colheres de sopa de nozes picadas
1/2 xícara de cogumelo-de-paris, fatiado ou picado (pode ser usado em conserva, escaldado em água quente e escorrido)
3 colheres de sopa de uva-passa branca
sal a gosto
1 pitada de noz-moscada
1 colher de sopa de azeite para untar o tabuleiro

Utensílios Necessários:
ralador, escorredor, palito, tabuleiro, papel-alumínio

Preparo das Codornas:
Tempere as codornas com o vinho, o sal, a pimenta. Junte a cenoura, a cebola ou o alho-poró, o aipo e o alecrim. Deixe marinar por no mínimo 4 horas.

Preparo do Recheio:
1. Junte ao peito de frango as azeitonas, as nozes, os cogumelos e as passas. Corrija o sal e rale a noz-moscada por cima. Misture bem com as mãos até ficar homogêneo.

2. Escorra as codornas do tempero e recheie com o peito do frango. Com um palito, feche as extremidades e junte as pernas, colocando as costas da codorna no fundo do tabuleiro, forrado com papel-alumínio e untado com 1 colher de sopa de azeite.

3. Leve ao forno médio por aproximadamente 50 minutos. Durante o tempo que as codornas estiverem assando, regue com o tempero. Deixe dourar. Sirva quente.

Sugestão de Acompanhamento:

As codornas podem vir acompanhadas de massa integral ou purê de batatas ou salada verde.

Vinho: Família Zuccardi Q Tempranillo – Bodega Família Zuccardi – Argentina (Mendoza) – Expand Group; Marques de Casa Concha Merlot – Concha Y Toro – Chile (Valle de Rapel) – Expand Group; Chianti Classico D.O.C.G. – Rocca Delle Macie – Itália (Toscana) – Expand Group; Saxenburg Private Collection Pinotage – Saxenburg – África do Sul (Stellen Bosch) – Expand Group – Sommelier: Paulo Nicolay

Acompanhamentos

Salada de Maçã, Uva e Palmito Fresco

100g de palmito fresco (talos finos) – pupunha
1 xícara de iogurte desnatado natural
sal e pimenta-do-reino a gosto
2 maçãs deliciosas sem casca, cortadas em cubinhos de 1cm
15 uvas brancas moscatel sem caroço
folhas verdes variadas
1/2 xícara de nozes picadas
3 colheres de sopa de ciboulette picada

Utensílio Necessário:
saladeira

Preparo:
1. Corte o palmito em rodinhas de 0,5cm.
2. Numa saladeira, coloque o iogurte com o sal e a pimenta.
3. Junte a maçã, o palmito e as uvas. Misture bem.

Montagem:
Arrume as folhas verdes no fundo do prato e coloque a salada no centro. Salpique com as nozes e, por fim, a ciboulette. Sirva a seguir.

Vinho: Prosecco di Valdobbiadene D.O.C. Rustico – Nino Franco – Itália (Veneto) – Expand Group – Sommelier: Paulo Nicolay

Molho Cremoso Tex-Mex

1/2 cebola picada
1 dente de alho amassado
1 colher de café de cominho em pó
1 colher de chá de casca de limão-siciliano ralado
2 xícaras de grãos de milho congelado ou fresco
2/3 xícara de leite desnatado
2 colheres de sopa de queijo cottage
sal e pimenta-do-reino a gosto
2 colheres de sopa de ciboulette picada ou 3 colheres de sopa de coentro picado, para decorar

Utensílios Necessários:
frigideira antiaderente, prato de serviço

Preparo:
1. Na frigideira, coloque a cebola, o alho, o cominho e a casca de limão. Acrescente o milho e, mexendo sempre, deixe cozinhar por uns 5 minutos até os grãos ficarem macios.
2. Junte o leite e o queijo. Deixe ferver por mais uns 5 minutos até o líquido reduzir e engrossar.
3. Retire do fogo, tempere com sal e pimenta.
4. Coloque o molho em um prato de serviço, enfeite com a ciboulette e sirva.

Batata e Alho Assado au Gratin

1 cabeça de alho (de aproximadamente 30g)
1 xícara de caldo de frango sem gordura (ver DICAS)
sal e pimenta-do-reino moída na hora a gosto
1/2kg de batata com casca lavada e cortada em fatias finas
1 cebola média cortada em fatias finas
1 colher de sopa de sálvia fresca picada
2 colheres de sopa de farinha de rosca

Utensílios Necessários:
papel-alumínio, espremedor de alho, pirex

Preparo:
1. Em forno quente, asse a cabeça de alho com casca, embrulhado em papel-alumínio, até ficar macio.
2. Esprema o alho e junte mexendo o caldo de frango. Corrija o sal e a pimenta se necessário.
3. Arrume as fatias de batata e de cebola num pirex. Espalhe a sálvia por cima e depois coloque o caldo de frango com o alho. As fatias de batata e de cebola devem ficar totalmente cobertas com o caldo.
Corrija o sal e a pimenta se achar necessário.
4. Leve o pirex ao forno quente, coberto com papel-alumínio, por cerca de 40 minutos. Depois, coloque a farinha de rosca por cima das fatias de batata e de cebola.
5. Deixe dourar até a batata ficar macia. Retire do forno e deixe descansar por 10 minutos antes de servir.

doenças antipáticas

Sobremesa

Peras Cozidas em Vinho Branco e Baunilha

250ml de vinho branco meio doce
125ml de água (1/2 xícara)
90g de açúcar (1/3 xícara)
1 colher de chá de suco de limão
1/2 fava de baunilha cortada no sentido do comprimento e raspada com a ponta da faca
2 peras (não muito maduras)
100g de morangos ou framboesas ou amoras frescas
250ml de frozen fat free yogurt (baunilha)
morangos ou framboesas ou amoras frescas, para decorar

Utensílios Necessários:
travessa, liquidificador, peneira, taça individual

Preparo:
1. Numa panela, junte o vinho, a água, o açúcar e o suco de limão. Coloque a fava de baunilha e deixe ferver por uns 2 minutos.
2. Descasque as peras mantendo os cabinhos. Junte as peras ao líquido e deixe cozinhar até ficarem macias, mexendo sempre por aproximadamente 20 minutos em fogo médio. Retire-as e leve para esfriar em cima de uma travessa.
3. Continue fervendo o líquido até reduzir a 100ml aproximadamente. Reserve.
4. No liquidificador, bata os morangos (ou framboesas ou amoras, ou os três) com o líquido que foi reduzido.

Montagem:
Peneire o que foi batido no liquidificador e coloque no fundo de uma taça individual. Sobre a calda, coloque o frozen fat free yogurt, e ao lado a pêra. Enfeite com as outras frutas e sirva imediatamente.

Vinho: Late Harvest 2002 – 1/2 garrafa, Concha Y Toro – Chile – Expand Group – Sommelier: Paulo Nicolay

Hipertensão Arterial

Responsável por mais de 30% das mortes no Brasil, a hipertensão arterial é conhecida como a assassina silenciosa, porque no início, em geral, não causa sintomas e só é percebida quando já provocou alguma complicação ao organismo. Estima-se em 17 milhões o número de brasileiros hipertensos, e, após os 65 anos, metade da população tem os níveis da pressão arterial acima do normal. A maioria das pessoas quando começa a sofrer de pressão alta não apresenta sintomas importantes e só toma conhecimento de que sofre desse mal quando, durante um exame físico, o médico verifica que a pressão arterial se encontra elevada.

Apesar da facilidade do diagnóstico, apenas uma pequena minoria dos hipertensos, em torno de 20%, sabe que é portadora de hipertensão arterial e somente um percentual ainda menor se submete a um tratamento correto, de forma regular e contínua.

A pressão arterial é a força que o sangue exerce nas paredes das artérias durante todo o seu percurso dentro dos vasos sanguíneos do organismo ao ser bombeado pelo coração. A pressão sistólica, chamada de máxima, representa a pressão no interior dos vasos do sistema circulatório no momento da contração do coração, e a diastólica, denominada mínima, é o momento do relaxamento do coração entre as batidas. Quanto maior resistência houver, dificultando ou impedindo o fluxo do sangue, mais força de contração o coração terá de fazer, aumentando a pressão arterial sistólica. Quanto menor for o relaxamento do coração e de todas as artérias, quando estas se tornam endurecidas por causa da arteriosclerose, mais alta será a pressão arterial diastólica.

Deve-se às companhias de seguros a introdução, na rotina médica, da medida da pressão arterial, porque elas se interessaram em avaliar o risco de mortalidade cardiovascular relacionado a diferentes níveis de pressão arterial em pessoas aparentemente saudáveis. Em 1939, a análise dos registros de 15 seguradoras norte-americanas fez com que o conceito de hipertensão arterial fosse considerado fator de risco independente para as doenças cardiovasculares. Mas somente na década de 1960 foram iniciadas as campanhas de prevenção e conscientização da população.

A pressão varia de acordo com a atividade física e o estado emocional do indivíduo. As atividades físicas e mentais provocam oscilações na pressão arterial, o que requer ajustes constantes do aparelho circulatório. As mudanças posturais, por exemplo, da posição deitada para a posição de pé, o tipo e o volume da alimentação, a atividade física, o descanso e o sono são os principais determinantes das variações da pressão arterial numa pessoa sadia. Durante o exercício, há uma elevação fisiológica da pressão arterial, que é considerada normal, assim como durante as relações sexuais, o andar, o comer, o falar, o defecar e outras atividades psicoemocionais. A pressão arterial também varia de acordo com a idade da pessoa.

A pressão ainda é considerada normal quando a sistólica (máxima) não ultrapassa 120 mmHg e a diastólica (mínima), 80 mmHg: em linguagem popular 12 por 8. Até 14 por 9 é aceitável, embora não seja o ideal. A pressão arterial apresenta níveis mais baixos quando a pessoa se encontra em completo repouso físico e tranqüilidade mental.

Alguns remédios como os antigripais, os antiasmáticos e os corticóides também podem elevar a pressão arterial.

O coração sofre o impacto da pressão arterial elevada. Para entender o efeito da hipertensão sobre o coração, imaginemos uma pessoa que fica com os músculos desenvolvidos ao fazer musculação. Da mesma forma, a força exercida pelo coração para bombear o sangue num sistema em que a pressão está elevada –

em virtude do estreitamento das artérias – se torna um verdadeiro trabalho de "musculação" realizado pelo coração. Assim, o músculo cardíaco cresce (se hipertrofia). Entretanto, como a fibra muscular cardíaca tem estrutura diferente das de outros músculos do corpo, e o coração não foi feito para esse tipo de trabalho, aos poucos vai perdendo a sua força de contração e surge, então, a insuficiência cardíaca. Outras conseqüências não menos graves e até mais dramáticas são: o acidente vascular cerebral (derrame) e o infarto do miocárdio. Os rins também sofrem as conseqüências da hipertensão arterial, ocasionando a insuficiência renal. A elevação da pressão dentro do sistema circulatório (hipertensão arterial) aumenta o risco de hemorragias em decorrência da ruptura da parede das artérias, que não resistem à pressão elevada exercida pelo sangue circulante. Além do cérebro, vários setores do organismo também são afetados pela hipertensão, como os olhos (retinopatia) e os ouvidos (labirintite e zumbidos).

Os sintomas principais, quando aparecem, são: dor de cabeça – em geral na nuca –, tonteira, desmaio, enjôo, falta de ar e sangramento nasal. Em 90% dos casos de hipertensão arterial a causa é desconhecida, porém diversos fatores contribuem para o aparecimento dessa doença. Entre eles, a predisposição familiar (hereditariedade) assume papel importante, uma vez que filhos de pais hipertensos têm quatro vezes mais probabilidade de se tornarem hipertensos do que os filhos de pais normotensos. Nos indivíduos predispostos, quanto mais a pessoa estiver acima do peso ideal, mais elevados serão seus níveis de hipertensão.

Os excessos alimentares – particularmente no que diz respeito à ingestão de gorduras, sal e álcool –, o hábito de fumar e a vida sedentária são causas importantes para o desenvolvimento e agravamento da doença. As bebidas alcoólicas, em pequenas doses, têm efeito vasodilatador e podem baixar a pressão, mas, em doses maiores, aumentam a velocidade circulatória e a pressão arterial.

O hipertenso não deve fumar, uma vez que a nicotina é vasoconstritora: reduz o calibre dos vasos sanguíneos e, como conseqüência, aumenta a pressão dentro do sistema circulatório.

O estresse e o aumento da tensão emocional que ocasionam a liberação dos hormônios do medo e da agressividade são determinantes diretos da elevação da pressão arterial. A raiva pode gerar uma crise hipertensiva.

Uma elevação momentânea da pressão arterial pode ocorrer em diversas situações e é chamada de hipertensão circunstancial. Com base nisso, algumas pessoas, já portadoras de doença hipertensiva, alegam que não são hipertensas e que a pressão só se encontra alterada durante o exame médico. Na realidade, a pressão poderá estar mais elevada no momento do exame (síndrome do avental branco), porém já demonstra a predisposição à hipertensão arterial, ou mesmo o início de doença hipertensiva, que se firmará se esse episódio acontecer em mais de uma oportunidade. É comum as pessoas não admitirem que se tornaram hipertensas e negarem as evidências e, com isso, retardarem o início do tratamento, que, muitas vezes, é simples e só requer pequenas mudanças dos hábitos alimentares e de comportamento.

Nas mulheres, uma das causas de hipertensão arterial é o uso da pílula anticoncepcional. Toda mulher que utiliza esse método contraceptivo deve controlar periodicamente a pressão arterial e, se tiver pai e/ou mãe hipertensos, deve optar por outro método anticoncepcional. A pílula anticoncepcional contém um hormônio que provoca o aumento na produção de renina, substância ligada diretamente ao aumento da pressão arterial.

Em certas situações, como durante o orgasmo, por exemplo, a pressão arterial também se eleva, e em alguns casos pode atingir até 140 mmHg de pressão diastólica (mínima), trazendo riscos às pessoas idosas que se encontram sem medicação adequada.

Em geral, a pessoa descobre que é hipertensa entre os 35 e 50 anos. Trata-se da hipertensão chamada primária ou essencial.

Muitas vezes a pressão arterial se apresenta normal em todas as medições em repouso, mas, durante o teste ergométrico, ela se eleva além dos limites fisiológicos. Nesses casos, verificamos que a pessoa se tornará hipertensa alguns anos depois, se não forem instituídos e seguidos os cuidados preventivos.

A tendência do organismo é se adaptar à pressão mais elevada, apesar dos danos que isso irá causar. Infelizmente, depois de algum tempo com a pressão acima do normal, a pessoa pode vir a se sentir melhor e mais ativa com níveis de pressão mais elevados do que com níveis de pressão normais. Isso faz com que o hipertenso, ao começar o tratamento medicamentoso e ter a sua pressão normalizada, se sinta com menos ânimo e mais sonolento. Em alguns casos, a pessoa fica tentada a abandonar o tratamento, o que constitui um sério risco. Com o prosseguimento do tratamento, o organismo volta a se adaptar à pressão normal e a pessoa fica protegida das complicações causadas pela doença, passando a se sentir melhor.

Os hipertensos leves, na maioria dos casos, não necessitam de medicação, beneficiando-se de exercícios aeróbicos praticados de forma regular e bem orientados; da redução do peso corporal e da eliminação de alimentos com elevado teor de sal, como: aperitivos, tira-gostos, enlatados, embutidos e salgados em geral.

Escolher o remédio ideal, adequar as doses de acordo com o controle periódico da pressão arterial, administrar o estresse, comer com pouco sal, utilizar o sal marinho, tirar férias regularmente, aproveitar inteligentemente os fins de semana, exercitar-se com regularidade, caminhar diariamente, não fumar e adotar hábitos alimentares saudáveis são medidas importantes para controlar a doença.

MAPA e medicação anti-hipertensiva

A aplicação da monitorização da pressão arterial (MAPA) durante 24 horas para avaliação e controle do tratamento dos hipertensos está se difundindo e aumentando em diversos países.

Infelizmente ainda não há cura para a hipertensão arterial, mas existem muitas maneiras de ajudar a pessoa a manter os níveis de sua pressão arterial sob controle.

Como foi assinalado, a predisposição familiar é muito importante para o aparecimento da hipertensão arterial. Apesar de esse fator, até o momento, não ser controlável pelos recursos tecnológicos de que dispomos, existem fatores controláveis, como os ambientais e, principalmente, os alimentares agem de forma direta sobre a pressão. Esses fatores, porém, quando não controlados pela pessoa em razão de um erro de conduta de vida, criam a possibilidade de a hipertensão arterial surgir em uma idade mais jovem e trazer maiores complicações. Caso contrário, mesmo com as condições de predisposição pessoal em decorrência da herança familiar, a hipertensão poderá surgir numa fase mais tardia da vida e de forma mais leve, com menores complicações.

A ingestão elevada de sódio e o baixo consumo de potássio estão associados à alta incidência da hipertensão arterial. O contrário também é verdadeiro, ou seja, a alimentação rica em potássio e pobre em sódio tem efeito anti-hipertensivo, que é o desejado.

Uma quantidade excessiva de sódio no organismo provoca a retenção de líquidos no corpo e ocasiona uma sobrecarga de trabalho para o coração e os vasos sanguíneos. O sal que é utilizado é o cloreto de sódio, um composto químico cuja metade do conteúdo é sódio. O sódio é um mineral encontrado na natureza e está presente em quase tudo o que comemos. Estudos mostram que ingerimos duas vezes mais sal do que precisamos para ter uma boa saúde.

As pessoas devem ficar em estado de alerta quanto à possibilidade de outros compostos que contêm sódio estarem presentes em alimentos industrializados. Tais compostos são referidos nos rótulos, como o glutamato monossódico (usado para realçar o sabor), o bicarbonato de sódio, o nitrato de sódio (agente usado no tratamento das carnes), o benzoato de sódio (que é um preservativo), o propionato de sódio (que inibe o crescimento de fungos) e o citrato de sódio (que controla a acidez). Portanto, deve-se verificar a presença desse "sódio escondido" nos alimentos.

doenças antipáticas

Alimentação ideal

O hipertenso deve adotar o mesmo tipo de alimentação sadia recomendada para evitar a arteriosclerose. Há uma estreita ligação entre a hipertensão arterial e a arteriosclerose.

Todos os aperitivos devem ser ao natural sem sal. Pode-se abusar das especiarias e dos temperos em vez de sal.

Alimentos indicados: linguado, atum, salmão, cavala, aves (menos magret de canard), coelho, alga, tofu, massas, alho, alcachofra, alface, aipim, chicória, tomate, beterraba, milho, repolho, quiabo, couve-flor, ervilhas, pepino, pimentão, abóbora, abobrinha, batata-baroa, grão de bico, lentilha, feijão, castanha-do-pará, avelã, tâmara, damasco, morango, melancia, maracujá, manga, maçã, jaca, laranja, figo, framboesa, caqui, carambola e ameixa.

Mais sopas (frias) e menos saladas para evitar os temperos com sal, ou inventar... É possível até preparar um vinagrete sem sal, tomate, cebola, tempero verde à vontade, vinagre de maçã e azeite. Pode-se usar limão.

Alimentos proibidos, pelo alto teor de sódio: sal, azeitona, anchovas, bacon, bacalhau, molho barbecue, molho shoyu, molho inglês, sal de aipo, sal de alho, ketchup, picles, mostarda (molho), caldos industrializados e extratos concentrados, carne-seca, carnes defumadas, cereais secos, milho enlatado, carne enlatada, presuntada, fiambrada, sardinha em lata, salsichas, presunto, salame, salaminho, embutidos em geral, biscoitos, manteiga e margarinas cremosas, queijos – principalmente o provolone e o parmesão –, batata frita, mexilhão, nozes salgadas, fígado bovino, pão de centeio, aveia, pastelaria e folhados.

Devem-se evitar cogumelos e chuchu, aspargos e acelga.

Alimentos indicados, pelo maior teor de potássio: banana, melancia, melão, nectarina, suco de laranja, abacate, pêssego, ameixa seca, suco de tomate sem sal, batata, batata-doce, verduras, cenoura crua, aipo, espinafre, cherivia, tomate em lata sem sal, galinha cozida, atum, salmão, feijão-vermelho, lentilha, algas e leite desnatado.

As pessoas que têm vômitos repetidos, que tomam quantidades excessivas de antiácidos, que abusam do álcool e de outras drogas, que têm mais de 55 anos, que sofrem de doença hepática e hiperparatireoidismo, assim como as que tomam diuréticos, necessitam de maior ingestão de potássio.

Obs: Os portadores de insuficiência renal e de doenças do coração não devem ingerir doses de potássio acima do ideal diário.

Alimentos indicados, por serem fontes de magnésio: Pesquisas apontam a relação direta entre a maior ingestão de magnésio e a redução dos níveis da pressão arterial. Entre os alimentos mais indicados estão: castanha, beterraba, soja e derivados (tofu), alga, cereais e vegetais verdes, frutos do mar, camarão, bacalhau fresco, melado, germe de trigo, milho, arroz e frutas secas.

Dicas importantes para o hipertenso:

- Retire o saleiro da mesa.

- Use e abuse dos temperos, especiarias e condimentos naturais. Use azeite de oliva. Em saladas ou quando utilizado frio, prefira o extravirgem.

- Acostume-se a preparar os alimentos sem adicionar o sal de cozinha; use sal marinho ou sal dietético, cujo conteúdo é o cloreto de potássio. Pergunte ao médico se no seu caso não existe restrição ao emprego desse tipo de sal.

- No tempero de saladas, faça uso de limão, iogurte natural, vinagrete sem sal ou outros molhos sem sal. Evite os molhos industrializados.

- Leia os rótulos dos alimentos industrializados e dê preferência àqueles que não contenham sódio. O sódio está presente como cloreto de sódio, glutamato monossódico, bicarbonato de sódio etc.

- Não use em excesso shoyu, ketchup, mostarda e molho de pimenta industrializados; deve-se utilizar mostarda natural e todos os tipos de pimenta fresca ou em grão.

Hipertensão Arterial

Entradas

Sopa de Peito de Peru e Ervilha

1 colher de sopa de azeite
1 cebola pequena picada
500g de peito de peru fresco, cortado em tiras de tamanho médio
5 xícaras de caldo de frango sem gordura
250g de ervilha congelada
pouco sal
pimenta-do-reino a gosto (opcional)
50ml de iogurte desnatado de consistência firme
2 colheres de sopa de hortelã picada

Utensílio Necessário:
liquidificador

Preparo:
1. Coloque em uma panela o azeite, a cebola e o peito de peru. Deixe cozinhar em fogo médio por 10 minutos.
2. Junte o caldo de frango e as ervilhas. Leve a panela tampada para ferver em fogo médio por aproximadamente 1 hora.
3. Retire do fogo e separe os pedaços da ave. Bata o caldo e as ervilhas no liquidificador. Volte para a panela, junte o peito de peru e leve para esquentar. Corrija o sal e a pimenta (opcional). Não deixe ferver e junte o iogurte. Misture bem.
4. Sirva salpicado com a hortelã picada.

doenças antipáticas

Sopa de Frango e Laranja

1 colher de sopa de azeite
1 alho-poró lavado e cortado em tirinhas
2 cenouras médias sem casca (fatias finas)
1 talo de aipo sem fios e cortado em tirinhas
150g de peito de frango sem pele e sem osso, moído
3 laranjas
5 xícaras de caldo de frango
pouco sal
1 colher de café de curry "MILD" (suave)
pimenta-do-reino a gosto
100ml de iogurte natural desnatado consistente

Para Decorar:
3 colheres de sopa de manjericão picado na hora
2 rodelas de laranja

Dica: Esta sopa pode ser servida fria.

Utensílios Necessários:
faca bem afiada, espremedor de laranja, liquidificador

Preparo:
1. Numa panela, coloque o azeite, o alho-poró, a cenoura, o aipo e o peito de frango. Deixe cozinhar por 8 minutos aproximadamente, mexendo sempre.
2. Descasque as laranjas com uma faca bem afiada de maneira que não fiquem com a parte branca. Ferva-as em água por 3 minutos.
3. Esprema as laranjas. Leve o suco e as cascas para ferver junto com o caldo de frango por 10 minutos.
4. Junte a mistura do peito de frango com os vegetais e deixe cozinhar por mais 20 minutos em fogo brando.
5. Retire os sólidos e leve-os para o liquidificador. Descarte a casca da laranja. Acrescente aos poucos o caldo e bata até obter consistência cremosa. Corrija o sal e a pimenta.
6. Leve para esquentar e acrescente o curry. Junte o iogurte, mas não deixe ferver. Retire, enfeite com o manjericão e as rodelas de laranja.

Salada de Peito de Frango com Limão e Alecrim

200g de peito de frango
sal a gosto, porém, com moderação
1 folha de louro
2 cenouras: 1 descascada e ralada; 1 descascada e passada pelo ralador grosso
1/2 xícara de maionese industrializada ou requeijão
2 talos de aipo sem os fios e picados
1 cebola média descascada e picada
1 colher de sopa de suco de limão-siciliano
fatias de pão preto torrado
folhas verdes (lavadas e picadas)
1 cebolinha verde picada
1 galho de alecrim picado

Utensílios Necessários:
ralador fino e grosso

Preparo:
1. Cozinhe o peito de frango com sal, o louro e a cenoura.
2. Misture à maionese (ou ao requeijão) o aipo, a cebola, a cenoura passada pelo ralador grosso e o suco de limão.
3. Pique o peito de frango cozido e junte aos outros ingredientes.
4. Disponha a salada de frango sobre fatias de pão preto torrado e coloque folhas verdes (lavadas e picadas) em volta. Salpique com a cebolinha verde e o alecrim e sirva.

Musse de Alcachofra

4 alcachofras grandes
1/2 limão
sal a gosto, porém, com moderação
4 colheres de sopa de tofu picado
2 colheres de sopa de iogurte desnatado denso
pimenta-do-reino a gosto
2 colheres de sopa de farinha de rosca

Dica: Pode ser servida como acompanhamento de frango ou carne.

Utensílios Necessários:
processador de alimentos, peneira, potinhos

Preparo:
1. Limpe as alcachofras, privando-as das folhas e dos espinhos. Esfregue os fundos das alcachofras com limão e leve para cozinhar em água fervendo com uma pitada de sal. Cozinhe até ficarem macios (aproximadamente 20 minutos).
2. Escorra. Passe os fundos das alcachofras pelo processador com o tofu picado.
3. Junte o iogurte e passe pela peneira. Corrija sal e pimenta.
4. Coloque dentro de potinhos e leve ao forno com um pouquinho de farinha de rosca na superfície para dourar.

Vinho: Le Jardins de Bouscassé Pacherenc – França (Mandiran) – Decanter – Espírito do Vinho – Sommelière: Marlene Alves de Souza

Sopa de Tomate e Alho Assado

1 cabeça de alho
1 cebola pequena picada
1 colher de sopa de azeite
1 alho-poró picado
1 talo de aipo picado
1 colher de sopa de açúcar
1 colher de sobremesa de tomilho fresco picado
1 folha de louro
1/2 colher de café de pimenta-do-reino amassada
1/2 colher de café de pimenta-de-caiena amassada
3 xícaras de caldo de vegetais
500g de tomate sem pele e sem sementes (picados)
1 xícara de iogurte natural firme
1/2 xícara de manjericão fresco picado

Dica: Pode ser servida quente ou fria, enfeitada com cubinhos de tomate, folhinhas de manjericão ou croutons de pão integral torrado.

Utensílios Necessários:
papel-alumínio, processador de alimentos ou liquidificador

Preparo:
1. Embrulhe 1 cabeça de alho numa folha de papel-alumínio e leve ao forno por 15 minutos até amolecer.
2. Quando esfriar, remova a casca e faça um purê usando o processador ou o liquidificador. Reserve.
3. Refogue a cebola no azeite, junte o alho-poró, o aipo e o açúcar. Mexa em fogo brando por 15 minutos até caramelar e ficar dourado.
4. Junte o tomilho, o louro, as pimentas e misture bem.
5. Junte o caldo de vegetais, depois o tomate e deixe ferver por 30 minutos. Coloque o iogurte e retire do fogo. Retire a folha de louro e bata no liquidificador.

doenças antipáticas

6. Junte o purê de alho e o manjericão fresco picado e leve para esquentar. Não deixe ferver para não talhar o iogurte.

Vinho: Manzanilla – La Gitana – Mistral Importadora — Sommelière: Marlene Alves de Souza

Sopa Fria de Melancia

1 pedaço de melancia com 1kg aproximadamente
1 pepino sem casca e sem semente
50g de pimentão amarelo sem semente
1 talo de aipo sem os fios
1 pitada de açúcar
1 pitada (1 colher de café) de curry "MILD" (suave)

Para Decorar:
100g de tofu cortado em cubinhos
2 colheres de sopa de ciboulette ou manjericão picado

Utensílios Necessários:
liquidificador ou processador de alimentos, frigideira antiaderente

Preparo:
1. Retire as sementes da melancia e corte-a em pedaços.
2. Bata no liquidificador ou processador com os outros ingredientes.
3. Sirva bem gelada. Não precisa coar. Enfeite com pedacinhos de tofu (grelhado na frigideira) e/ou ciboulette ou manjericão picado.

doenças antipáticas

Sopa Fria de Beterraba

1/2 kg de beterraba com casca (lavadas e com as extremidades retiradas)
1 colher de sopa + 1 colher de chá de açúcar
1/2 cebola pequena cortada em rodelas muito finas
2 colheres de sopa de vinagre balsâmico
1 colher de chá de sementes de erva-doce
1/2 xícara + 2 colheres de sopa de iogurte natural firme
sal a gosto, porém, com moderação
pimenta-do-reino a gosto (opcional)
1 colher de sobremesa de endro fresco picado, para decorar

Utensílios Necessários:
panela de pressão, liquidificador

Preparo:
1. Coloque as beterrabas para cozinhar em água suficiente para cobri-las e adicione uma colher de sopa de açúcar. Pode ser utilizada panela de pressão.
2. Numa panela, coloque a cebola, o vinagre balsâmico, as sementes de erva-doce e o açúcar. Deixe ferver e retire do fogo.
3. Retire as cascas das beterrabas depois de cozidas e bata-as no liquidificador com o iogurte e, se necessário, use um pouco da água em que foram cozidas para ficar com consistência cremosa.
4. Corrija o sal. Se desejar, acrescente uma pitada de pimenta.

Montagem:
Na hora de servir, coloque no fundo do prato as rodelinhas de cebola e por cima a sopa. Use as 2 colheres de sopa do iogurte para pingar por cima. Enfeite com endro. Sirva gelada.

Pratos Principais

Carneiro Marroquino

2 colheres de sopa de azeite
2 pedaços da perna do carneiro (corte vertical com aproximadamente 200g cada um)
1 cebola média picada
1 talo de aipo sem fios e picado
1 dente de alho picado
1 colher de sopa de gengibre fresco ralado
pouco sal
1 colher de chá de sementes de coentro
1 pitada de pimenta-do-reino
1 pitada de canela
3 xícaras de caldo de frango sem gordura
3 tomates sem pele e sem semente picados
100g de grão de bico, deixados de molho, sem a pele, por 3 horas
100g de lentilhas deixadas de molho por 3 horas
1 colher de sopa de açúcar
2 colheres de sopa de alecrim fresco picado, para decorar

Utensílios Necessários:
frigideira, travessa

Preparo:
1. *Aqueça o forno a 180ºC. Numa frigideira, coloque o azeite e junte o carneiro. Deixe dourar ambos os lados. Retire e reserve.*
2. *Na mesma frigideira, coloque a cebola, o aipo, o alho e o gengibre. Refogue por 4 minutos até ficarem macios.*
3. *Junte o sal, o coentro, a pimenta, a canela e mexa bem.*
4. *Leve o carneiro de volta para a frigideira com os vegetais. Junte 2 xícaras de caldo de frango, os tomates e o grão-de-bico. Deixe ferver com a*

panela tampada em fogo baixo até o carneiro ficar macio por mais ou menos 2 horas. Se necessário, durante o cozimento, coloque mais caldo de frango.

5. Ao final do cozimento, junte as lentilhas e o açúcar. Quando as lentilhas estiverem cozidas, o prato está pronto para ser servido.

Sugestão de Acompanhamento:
Arroz pilaf (ver DICAS), purê de batata ou batatas cozidas.

Montagem:
Leve o carneiro marroquino para uma travessa, polvilhe com o alecrim e sirva quente.

Vinho: Conde de Valdemar Gran Reserva – Martinez Bujanda – Espanha (Rioja) – Mistral Importadora – Sommelière: Marlene Alves de Souza

Atum Grelhado com Vinagrete de Menta

300g de filé de atum fresco
pimenta-do-reino a gosto
2 colheres de sopa de hortelã fresca picada
2 colheres de sopa de azeite
1 colher de sopa de suco de limão
1 colher de sobremesa de vinagre de maçã
1 colher de sopa de salsa picada
1 cebola picada
3 tomates maduros sem pele e sem semente picados em cubinhos
1 dente de alho amassado
pouco sal
folhas inteiras de hortelã, para decorar

Utensílios Necessários:
filme plástico, frigideira antiaderente, travessa

Preparo:
1. Salpique sobre o pedaço de atum a pimenta, a hortelã e o azeite. Deixe marinar na geladeira por 2 horas coberto com filme plástico.
2. Num recipiente, misture todos os outros ingredientes para o vinagrete.
3. Para grelhar o atum, use frigideira quente, vire de ambos os lados apenas para selar. O interior deve permanecer bem vermelho.

Montagem:
Arrume o pedaço de peixe em uma travessa, na qual o vinagrete foi colocado no fundo. Enfeite por cima com as folhas de hortelã.

Vinho: Kumeu River Merlot – Kumeu River – Nova Zelândia (Auckland) – Mistral Importadora; Chateau Saint-Roch Rosé – Lirac – França (Rhône) – Decanter/Espírito do Vinho – Sommelière: Marlene Alves de Souza

doenças antipáticas

Codornas com Molho de Ameixa Fresca

Para as Codornas:
2 codornas desossadas e limpas
4 colheres de sopa de vinagre de maçã
1 colher de sobremesa de mel
2 colheres de sopa de azeite

Para o Purê de Ameixa:
200g de ameixa fresca vermelha (sem caroço e cortada na metade)
4 colheres de sopa de framboesas ou morangos frescos

Para o Molho:
1/2 xícara de vinagre de maçã
3 colheres de sopa de folhas de hortelã picadas
1 tira de casca de laranja, aproximadamente com 1cm x 3cm
1 xícara do purê de ameixa
125ml de caldo de frango (1/2 xícara)
pouco sal
pimenta-do-reino a gosto

Para Decorar:
3 castanhas-do-pará fatiadas bem finas

Utensílios Necessários:
pincel, assadeira, papel-alumínio, liquidificador, panela bem pequena

Preparo das Codornas:
1. Pincele as codornas com a mistura do vinagre e do mel.
2. Leve para assar em assadeira untada com azeite. Durante o cozimento mantenha um papel-alumínio sobre a assadeira. Quando as codornas estiverem macias, retire o papel-alumínio e deixe dourar. Reserve.

Preparo do Purê de Ameixa:
1. Junte as ameixas e os morangos (ou framboesas, dependendo da época) numa panela e leve para cozinhar por aproximadamente 15 minutos até as ameixas ficarem macias.

2. Bata no liquidificador, volte para a panela e deixe reduzir até 1/2 xícara. Reserve.

Preparo do Molho:
1. Numa panela bem pequena, reduza o vinagre de maçã, a hortelã e a casca de laranja até obter uma calda grossa.
2. Junte o purê de ameixa, deixe reduzir mais até ficar um sabor bem intenso.
3. Junte o caldo de frango e deixe ferver mais um pouco.

Montagem:
Sirva o molho sobre as codornas bem quentes. Doure as fatias de castanha-do-pará no forno e espalhe sobre as codornas para enfeitar.

Sugestão de Acompanhamento:
Purê de aipim ou batata-baroa

Vinho: *Caymus Cabernet Sauvignon – Caymus – Estados Unidos – Mistral Importadora; Los Lingues Carménère – Casa Silva – Chile – Importadora Vinhos do Mundo – Sommelière: Marlene Alves de Souza*

Pasta com Batata-Doce e Feta

350g de batata-doce
2 colheres de sopa de azeite + azeite suficiente para untar
pouco sal e pimenta-do-reino a gosto
1 alho-poró cortado em anéis bem finos (só a parte branca)
1 colher de sopa de alecrim fresco picado
250g de macarrão a gosto

Para Decorar:
150g de folhas de espinafre
pimenta-do-reino quebrada grosseiramente a gosto
100g de queijo feta, cortado em cubinhos (pode ser substituído por tofu)
folhinhas de alecrim fresco

Utensílios Necessários:
assadeira, papel-alumínio, escorredor de macarrão

Preparo:
1. Descasque a batata-doce, corte em rodelas e coloque na assadeira untada com azeite. Salpique sal e pimenta e leve ao forno médio até que fique macia e dourada. Cubra com papel-alumínio para não ressecar.
2. Numa panela, coloque o azeite, o alho-poró e o alecrim. Deixe refogar em fogo baixo, por aproximadamente 5 minutos, até o alho-poró ficar macio. Neste momento, junte as batatas-doces.
3. Cozinhe a massa conforme indicação, escorra e junte à batata.

Montagem:
Arrume as folhas de espinafre cruas no fundo do prato. Sobre elas coloque a massa com a batata. Salpique pimenta e o queijo feta. Salpique também algumas folhinhas de alecrim e sirva quente.

Vinho: *Nino Franco di Faive Rosé – Nino Franco – Itália (Veneto) – Expand Group – Sommelier: Paulo Nicolay*

Borboletas Vegetarianas

2 tomates maduros sem pele e sem semente cortados em cubinhos
2 colheres de sopa de azeite
1 dente de alho amassado
1 pimentão vermelho sem semente cortado em cubinhos
1/2 copo de caldo de carne ou frango sem gordura
1/2 colher de sopa de orégano seco
1/2 xícara de manjericão picado
2 cebolinhas verdes cortadas em fatias finas
1 abobrinha média sem semente e cortada em cubinhos
250g de macarrão gravatinha

Utensílios Necessários:
liquidificador, escorredor de macarrão

Preparo:
1. Bata os tomates no liquidificador.
2. Numa panela, coloque o azeite e o alho. Deixe aquecer. Junte o pimentão, mexa e deixe começar a amolecer. Depois coloque o suco de tomate e deixe ferver.
3. Adicione o caldo de carne ou frango. Coloque o orégano, o manjericão, as cebolinhas e a abobrinha. Deixe por mais 2 minutos. Reserve.
4. Cozinhe o macarrão em água e sal. Escorra rapidamente. Junte o molho bem quente. Sirva imediatamente.

Vinho: *Côtes de Provence Rose – Château Vannières – França (Provence) – Mistral Importadora – Sommelière: Marlene Alves de Souza*

doenças antipáticas

Sobremesa

Bananas ao Rum

Para as Bananas:
6 bananas-prata descascadas e cortadas ao meio
1 copo de leite desnatado
1 colher de sopa rasa de amido de milho
açúcar a gosto (em torno de 1 colher de sopa)
1 colher de sopa de rum
1 colher de sopa de baunilha
2 claras
4 colheres de sopa de açúcar

Para a Calda:
1 xícara de açúcar
1/2 xícara de água

Utensílio Necessário:
pirex

Preparo das Bananas:
1. Cozinhe as bananas na calda de açúcar até ficarem macias. Coloque-as num pirex sem a calda.
2. Coloque o leite, o amido de milho e o açúcar numa panela e leve ao fogo, mexendo sempre até ferver. Deixe ferver por mais 2 minutos para cozinhar o amido de milho.
3. Retire do fogo, acrescente o rum e a baunilha. Misture bem e coloque sobre as bananas.
4. Bata as claras em neve, junte o açúcar e coloque por cima do creme. Leve ao forno quente até dourar.

Preparo da Calda:

Doure o açúcar e acrescente a água. Deixe ferver até ficar caramelada.

Montagem:

Disponha as bananas, sem a calda, em um pirex. Despeje o creme sobre as bananas. Por cima de tudo, coloque o suspiro. Leve ao forno quente até dourar.

Diabetes

Cento e oitenta milhões de pessoas no mundo sofrem de *diabetes mellitus*. É uma doença tão antiga quanto a própria humanidade. O papiro Ebers, documento médico egípcio escrito cerca de 1.500 anos antes de Cristo, faz referência a uma enfermidade que se caracterizava pela micção freqüente e abundante. Os antigos médicos romanos já conheciam o diabetes. Acreditavam que a doença era decorrente de influências perniciosas sobre os rins e a bexiga, em decorrência dos sintomas de eliminação copiosa de urina, sede e emagrecimento. Criou-se o termo "diabetes", que significa "passar através", pelo fato de o principal sintoma observado assemelhar-se à drenagem da água através de um sifão. Galeno (131-201 d.C.) também pensava que o diabetes resultava de uma fraqueza dos rins. Os indianos, no século VI, descreveram pela primeira vez o gosto adocicado da urina dos diabéticos, tendo-lhe dado o nome de Madhumeda (urina doce). Avicena (980-1027), grande médico árabe, descreveu o diabetes e citou a perda das atividades sexuais como um dos seus sintomas.

O que é diabetes?

É uma doença caracterizada pela incapacidade do organismo de manter o nível de glicose no sangue dentro dos limites normais. A quantidade de açúcar no sangue é chamada de glicemia. Quando o diabetes não é adequadamente tratado, o nível de glicose atinge valores excessivos, o que causa sérios danos a vários setores do corpo humano podendo levar ao coma e à morte.

A glicose é um tipo de açúcar proveniente dos alimentos que, ao ser ingerida, é absorvida pelos intestinos, passa à corrente sanguínea e chega a todas as células do organismo para ser utilizada na produção de energia. Vale a pena salientar que, para o cérebro e todas as células do sistema nervoso, a glicose é a única fonte de energia.

Os níveis de açúcar no sangue entre uma refeição e outra são mantidos pelo mecanismo de liberação da glicose que se encontra estocada no fígado. A quantidade de açúcar no sangue é normalmente regulada por um hormônio, a insulina, produzido por um tipo especial de células do pâncreas chamadas células beta, que liberam a insulina em resposta aos estímulos produzidos pela ingestão de alimentos.

Um dos mais importantes processos metabólicos – vital para o organismo – é a conversão de alimentos em energia e calor dentro do corpo. A energia pode ser retirada das proteínas, das gorduras e dos carboidratos que são rapidamente transformados em glicose. Os alimentos que contêm açúcar e amido, quando digeridos, também se transformam em glicose. Quando o nível de glicose no sangue aumenta após a refeição, a produção e a liberação de insulina também aumentam para que esse excesso de glicose possa ser rapidamente absorvido pelas células. Só quando a insulina chega à célula é que elas têm a capacidade de utilizar a glicose que se encontra na corrente sanguínea. Quando a insulina termina o seu trabalho metabólico, ela se degrada, o que significa que o organismo tem de renovar constantemente o estoque desse hormônio. Se o pâncreas não produzir uma quantidade suficiente de insulina, a glicose não é transformada em energia e é excretada na urina. Nesses casos, o fígado tenta compensar a falta de energia e produz mais glicose que o normal, porém, esta glicose também não é aproveitada. O organismo ainda tenta conseguir mais energia queimando os seus depósitos de gordura corporal e as proteínas dos músculos, o que gera a formação de substâncias tóxicas chamadas de corpos cetônicos.

Foram os pesquisadores Frederick Banting, cirurgião e vencedor do Prêmio Nobel de Medicina, e Charles Best, fisiologista, que em 1921, em Toronto, no Canadá, descobriram a insulina. Este feito constituiu o marco culminante na história do diabetes e a maior conquista no que se refere ao tratamento da doença. Após alguns anos, os cientistas concluíram que a insulina produzida pelo organismo humano era muito semelhante às insulinas do boi e às do porco, que passaram a ser empregadas largamente no mundo inteiro. Somente em 1982 a insulina humana começou a ser utilizada. O diabético hoje pode dispor de vários tipos de insulina que serão prescritas pelo diabetólogo de acordo com as características de cada caso. A grande perspectiva para o tratamento da doença é o transplante de células que produzem insulina, técnica ainda em desenvolvimento.

Os sintomas mais comuns do diabetes são: sede, boca seca, aumento da quantidade de urina com micções freqüentes (principalmente durante a noite), cansaço crônico, fadiga fácil, fome excessiva, perda de peso, visão turva, coceira nos órgãos genitais e ferimentos que infeccionam com facilidade.

Grande número de diabéticos portadores de diabetes II não necessita de insulina para o controle da doença, mas precisa recorrer a medicamentos chamados hipoglicemiantes orais, além de adotar uma alimentação orientada e praticar exercícios de forma regular.

O exercício é fundamental para o diabético, qualquer que seja o tipo do seu diabetes. A prática regular do exercício reduz a quantidade necessária de medicamentos para a manutenção do nível adequado de glicose no sangue. O exercício é tão importante que, quando realizado corretamente, pode ocasionar episódios de hipoglicemia se a dose dos remédios não for convenientemente reduzida.

Nos últimos anos, ocorreram diversos avanços no tratamento e no conceito de prevenção do diabetes. Eles são decorrentes de estudos que mostram a importância do controle eficaz e rigoroso, o que proporciona chances cada vez menores de ocorrerem complicações futuras. A cada instante surgem medicamentos mais eficazes e estudados mais a fundo. Além disso, estão sendo desvendados os mecanismos pelos quais surge o diabetes, especialmente quanto aos fatores genéticos envolvidos. Cada vez mais o diabetes vem se tornando uma doença de fácil controle, apesar de requerer atenção especial e constante.

A conscientização de adotar uma alimentação adequada e uma vida saudável por parte dos diabéticos constitui o principal objetivo dos diabetólogos. Alertar quanto aos problemas rotineiros dos diabéticos e à possibilidade de complicações futuras, caso não seja bem controlado o diabetes, e orientar devidamente os pacientes são atitudes decisivas para que seja conseguida a parceria tão desejada e profícua entre o médico, o paciente e a família. A co-responsabilidade, aliada a uma orientação correta do paciente, é atitude fundamental para que se alcance sucesso no tratamento.

Edulcorantes

Os adoçantes dietéticos são, em sua maioria, compostos de substâncias não-calóricas conhecidas como edulcorantes. São centenas de vezes mais doces que a sacarose (açúcar branco) e podem ser naturais ou sintéticos. Há poucas décadas, recaíram sobre os edulcorantes suspeitas de serem cancerígenos, particularmente o ciclamato e a sacarina, suspeitas essas que não foram confirmadas. Os edulcorantes podem ser não-calóricos (sacarina, ciclamato, acesulfame-k, steviosídio, sucralose e aspartame) e calóricos, como o sorbitol (presente na maçã, no pêssego, na ameixa e na cereja), o manitol (encontrado nos vegetais), o xilitol, a lactose (açúcar do leite), a frutose (açúcar das frutas) e a maltodextrina e dextrose (que são extraídas do milho).

Essa classificação é importante e deve ser conhecida porque, na prática diária, a frutose e o sorbitol – usados no preparado de sorvete, bolos, chocolates e doces dietéticos – são muito consumidos pelos diabéticos, que precisam estar com o diabetes bem compensado. Essas substâncias vão somar calorias às refeições e é errado pensar que podem ser consumidas à vontade só porque são dietéticas.

Não existe um adoçante considerado ideal, embora todos sejam eficazes. Apesar de sempre se dar preferência a um determinado edulcorante, deve-se fazer uso de tipos variados para evitar o acúmulo residual.

Adoçantes à base de aspartame não são apropriados para cozinhar ou assar, uma vez que ele se decompõe quando submetido à alta temperatura e perde seu sabor adocicado. O aspartame deve, portanto, ser usado após o alimento ter sido cozido ou assado.

Quanto ao hábito de tomar o tradicional cafezinho, recomenda-se que ele seja – se ingerido em grandes quantidades – descafeinado e, de preferência, tomado puro, sem adoçantes, para que o paladar aos poucos se acostume com o verdadeiro sabor dos alimentos, sem a necessidade de disfarçá-los. Essa recomendação é válida para todos os tipos de substâncias que se adicionam aos alimentos e que visam camuflar seu verdadeiro gosto, não se aplicando, evidentemente, aos temperos e condimentos.

A educação em saúde e na alimentação, com merecido destaque hoje em dia, reveste-se de importância capital quando se trata de diabéticos. A atualização constante dos conhecimentos sobre sua alteração metabólica capacita o diabético a assumir seu tratamento e a evitar, dessa forma, perigosas descompensações da doença, além de lhe proporcionar a confiança necessária para viver uma vida normal.

Alimentação ideal

A alimentação do diabético ou das pessoas que desejam prevenir-se do diabetes deve ser rica em fibras e pobre em açúcar e gorduras. As fibras estão presentes no feijão, na ervilha, na lentilha, na aveia, nos legumes e nas frutas.

Deve-se abolir o açúcar refinado; reduzir a ingestão de outros adoçantes naturais, tais como o açúcar mascavo; não ingerir bebidas adocicadas e consumir com moderação bebidas alcoólicas; evitar comidas salgadas, embutidos e alimentos industrializados; e, por fim, evitar frituras e alimentos gordurosos, como toucinho, manteiga, gordura de coco, creme de leite, queijos gordurosos e carnes gordas.

As gorduras saturadas devem ser substituídas pelas gorduras monoinsaturadas. Pessoas diabéticas devem consumir o azeite de oliva por causa do seu alto teor de ácidos monoinsaturados, conhecidos como ômega-9, que é considerado uma gordura saudável. Sendo altamente calórico, seu consumo deve ser moderado para as pessoas que estão acima do peso ideal.

Não há necessidade de uma dieta especial e sim de uma alimentação orientada que deve ser adotada de forma sistemática. O ideal é que a adequação às modificações alimentares seja feita de forma progressiva e regular.

Mesmos os amiláceos – tais como pães, batata, massas, arroz e farinhas – não precisam ser totalmente abolidos, mas sim incluídos na alimentação diária numa proporção de acordo com o grau do diabetes e com a dose da medicação antidiabética utilizada. Os amiláceos de grãos integrais (pão de farinha integral, arroz integral, massa de trigo integral) são uma ótima opção.

As quantidades ingeridas de amiláceos, carne vermelha, aves, peixes, laticínios, legumes, verduras e frutas devem ser constantes para facilitar o controle do diabetes.

As fibras solúveis presentes nas frutas, nos legumes, na aveia, no feijão e na lentilha são muito importantes porque ajudam a controlar a taxa de glicose no sangue, já que retardam a velocidade de absorção dos açúcares.

É necessário aumentar a quantidade de ingestão de líquidos para no mínimo oito a dez copos diários.

Fazer refeições em horários regulares ajuda a manter mais estável a taxa de açúcar no sangue. Além das três refeições principais, deve-se acrescentar um pequeno lanche entre elas.

Alimentos indicados: feijão (todos os tipos), lentilha, arroz integral, farinha integral, soja, grão-de-bico, legumes, leguminosas, frutas ao natural e em sua própria calda ou amassadas, queijos magros, leite desnatado ou semidesnatado, chá, mate, café (de preferência descafeinado), gelatina diet e iogurte diet.

Alimentos proibidos: açúcar, frutas em calda, geléias, mel, cremes, pudins, biscoitos com ou sem recheio, doces, chocolate, bolos cremosos ou gordurosos, batata frita, batata-doce, refrigerantes, maionese, carnes gordurosas e creme de leite.

Diabetes

Entradas

Velouté de Ervilha com Cavaquinha

1 cebola média picada
2 colheres de sopa de azeite
2 colheres de sopa de tomilho picado
1 dente de alho amassado
1 batata pequena picada
1/2 litro de caldo de frango (ver DICAS)
1/2kg de petit-pois fresco ou ervilha
50 colheres de creme de leite fresco
2 cavaquinhas médias já limpas
sal e pimenta-do-reino moída na hora a gosto
folhas de coentro, para decorar

Utensílios Necessários:
liquidificador, tigelinhas

Preparo:
1. Refogue a cebola com uma colher de sopa de azeite. Junte o tomilho, o alho, a batata e o caldo de frango e deixe cozinhar por 10 minutos. Junte o petit-pois e cozinhe por mais 10 minutos.
2. Passe tudo no liquidificador. Junte o creme de leite e mantenha aquecido.
3. Antes de servir, grelhe as cavaquinhas com o restante de azeite dos dois lados. Tempere com sal e pimenta.

Montagem:
Na hora de servir, coloque dentro de tigelinhas o creme de ervilha, a cavaquinha fatiada (uma para cada porção) e enfeite com as folhas de coentro.

Vinho: Alamos Chardonnay – Catena Zapata – Argentina – Mistral Importadora – Sommelier: José Osvaldo do Amarante

Carpaccio de Rabanete com Requeijão de Cabra

100g de queijo de cabra fresco (macio)
10 colheres de sopa de creme de leite desnatado
1 dente de alho amassado
1/2 maço de ciboulette bem picada
sal e pimenta-do-reino a gosto
6 rabanetes grandes cortados muito finos (ficam transparentes)

Utensílios Necessários:
garfo, copos baixos e largos

Preparo:
1. Com um garfo, amasse o queijo com o creme de leite.
2. Junte o alho e a ciboulette. Tempere com sal e pimenta.
3. Misture o rabanete no creme de queijo. Mantenha na geladeira até a hora de servir.

Montagem:
Arrume em copos baixos e largos, enfeite com ciboulette e sirva frio.

Vinho: Viña Carmen Classic Sauvignon Blanc – Viña Carmen – Mistral Importadora – Sommelier: José Osvaldo do Amarante

Juliana de Aspargos Verdes e Molho de Pimenta-de-Sichuan

1 colher de café de grãos de pimenta-de-sichuan
150g de aspargos verdes frescos
sal a gosto
2 gemas
suco de 1 laranja seleta
suco de 1/2 limão-siciliano

Utensílios Necessários:
frigideira antiaderente, batedor

Preparo:
1. Retire a película preta dos grãos de pimenta.
2. Na frigideira, coloque as pimentas e leve ao fogo por 3 minutos. Retire-as e amasse-as grosseiramente.
3. Descasque os aspargos. Retire 2cm da base. Corte-os em 2 partes. Cozinhe-os em água salgada a ponto de fervura por 4 minutos aproximadamente. Escorra-os e guarde um pouco da água do cozimento. Mantenha-os aquecidos.
4. Com o batedor, bata as gemas, o suco de laranja e o de limão. Leve ao banho-maria e vá batendo até engrossar. Se necessário, junte um pouquinho da água do cozimento que ficou reservada. Deve ficar com consistência cremosa. Junte a pimenta.
5. Sirva sobre os aspargos aquecidos.

doenças antipáticas

Suflê ao Gorgonzola

20g de amido de milho
250ml de leite desnatado
sal e pimenta-do-reino a gosto
1 pitada de noz-moscada
2 ovos
40g de gorgonzola

Utensílio Necessário:
batedor

Preparo:
1. Misture o amido de milho no leite frio. Leve ao fogo médio por 2 minutos para ferver e engrossar.
2. Junte o sal, a pimenta e a noz-moscada.
3. Adicione as gemas e o gorgonzola.
4. Bata as claras em neve e junte à outra mistura delicadamente. Leve ao forno médio por 40 minutos.

Vinho: Prosecco Pisani Extra Dry – Pisani – Itália (Veneto) – Expand Group – Sommelier: Paulo Nicolay

Pratos Principais

Filés de Trilha Assados no Sal Grosso

4 filés de trilha com a pele e sem espinhas
1 colher de sopa de estragão picado
1 colher de sopa de ciboulette picada
1 colher de sopa de salsinha picada
pimenta-do-reino moída na hora a gosto
1 clara pequena
25ml de água
1/2kg de sal grosso

Dica: A trilha pode ser substituída por truta ou Saint Pierre, obedecendo ao mesmo procedimento; porém, se os filés forem maiores, deixe uns minutos a mais no forno. Sirva com batata cozida.

Utensílios Necessários:
batedor, tabuleiro

Preparo:
1. Aqueça o forno a 190ºC. Tempere as trilhas com as ervas e a pimenta.
2. Para fazer a crosta de sal, bata bem a clara com a água. Junte ao sal grosso até formar uma massa grudenta. Espalhe metade dessa mistura num tabuleiro.
3. Coloque os filés no tabuleiro com a parte da pele para cima e cubra com o resto da mistura. Asse por 8 a 12 minutos.
4. Quebre cuidadosamente a crosta de sal e transfira os filés para o prato aquecido. Sirva quente.

Vinho: Prova Régia Arinto — Bucelas — Portugal — Mistral Importadora — Sommelier: José Osvaldo do Amarante

doenças antipáticas

Camarões ao Curry

1 colher de sopa de óleo de soja
1 colher de sobremesa de curry "MILD" (suave)
1/2 litro de caldo de frango
2 abobrinhas pequenas e firmes cortadas em cubinhos de 1cm
2 talos de aipo sem os fios cortados em cubinhos de 1cm
2 cebolas pequenas cortadas em cubinhos de 1cm
sal a gosto
15 colheres de sopa de leite de coco
15 camarões graúdos, descascados e limpos, cozidos no vapor
pimenta-do-reino a gosto
raminhos de coentro, para decorar

Utensílio Necessário:
frigideira

Preparo:
1. Numa frigideira, esquente uma colher de sopa de óleo de soja e coloque o curry.
2. Coloque o caldo de frango. Leve para ferver e reduza o fogo. Deixe ferver até reduzir o volume à metade. Reserve.
3. Cozinhe os legumes rapidamente em água e sal. Deixe-os al dente. Escorra e reserve.
4. Na redução do curry, coloque o leite de coco. Leve ao fogo e junte os camarões. Deixe esquentar bem. Se desejar, coloque uma pitada de pimenta.

Montagem:
Na hora de servir, arrume no fundo do prato os legumes cozidos e quentes e por cima os camarões com o molho. Enfeite com raminhos de coentro.

Vinho: Rosemount Semillon — Rosemount — Mistral Importadora — Sommelier: José Osvaldo do Amarante

Filé de Robalo ao Forno em Crosta de Ervas

4 colheres de sopa de azeite
2 nabos médios cortados em rodelas de 3mm de espessura
1 cebola média cortada em rodelas de 2mm de espessura
1 limão-siciliano lavado e cortado em rodelas finas
sal e pimenta-do-reino a gosto
2 filés de robalo de aproximadamente 150g cada
2 folhas de louro fresco picadas
6 galhinhos de tomilho fresco
2 galhinhos de alecrim fresco

Utensílio Necessário:
prato refratário

Preparo:
1. Aqueça o forno a 180°C.
2. Unte o fundo de um prato refratário com 1 colher de sopa de azeite. Coloque as rodelas de nabo, cebola e limão. Regue com mais 1 colher de sopa de azeite. Tempere com sal. Deixe no forno por 30 minutos.
3. Com o azeite restante, tempere os filés. Salgue-os e coloque-os por cima do nabo, da cebola e do limão.
4. Por cima dos filés, coloque o louro, o tomilho e o alecrim. Leve o prato novamente ao forno e deixe assar o peixe por mais 5 a 8 minutos, dependendo da grossura dos filés.
5. Corrija o tempero, se necessário, e leve à mesa.

Vinho: Greco di Tufo – Mastroberardino – Itália (Campania) – Mistral Importadora – Sommelier: José Osvaldo do Amarante

Vitela à Provençal

3 colheres de sopa de óleo de soja
4 bifes de vitela de alcatra ou filé-mignon (aproximadamente 100g cada)
100ml de vinho branco seco
1 cebola pequena picada
1 dente de alho picado
1 pimentão vermelho pequeno cortado em tiras finas
6 alcachofrinhas em conserva
10 azeitonas pretas
1 colher de sopa de alcaparra
sal e pimenta-do-reino a gosto
10 tomates-cereja
1/2 maço de manjericão picado

Utensílio Necessário:
frigideira

Preparo:
1. Numa frigideira, coloque metade da quantidade do óleo, deixe esquentar e leve a carne para dourar. Retire a carne do fogo e reserve.
2. Na mesma frigideira, coloque o vinho, leve ao fogo para aproveitar todos os sucos da carne, deixe evaporar a metade e depois passe para outro recipiente.
3. Na mesma frigideira, coloque o óleo restante, a cebola, o alho e as alcachofrinhas escorridas. Deixe refogar em fogo médio por aproximadamente 5 minutos.
4. Junte o vinho reduzido que ficou reservado.
5. Acrescente o pimentão, as azeitonas e as alcaparras; depois a carne. Se desejar, antes de colocá-la na panela, corte-a em tiras. Deixe no fogo por mais uns 15 minutos até tomar gosto. Vá juntando água se necessário. Tempere com sal e pimenta. Alguns minutos antes de completar o cozimento, coloque os tomates-cereja e o manjericão. Sirva quente.

Vinho: Luca Pinot Noir – Laura Catena – Argentina – Mistral Importadora – Sommelier: José Osvaldo do Amarante

Berinjelas Recheadas com Carne e Alecrim

2 berinjelas (aproximadamente 200g cada)
sal a gosto
200g de carne moída sem gordura
1 ovo
40g de queijo gruyère ralado grosso
1 galho de alecrim picado
pimenta-do-reino a gosto
1 tomate picado sem pele e sem semente

Utensílios Necessários:
forma refratária, papel-alumínio

Preparo:
1. Corte as berinjelas no sentido longitudinal e ferva em água e sal por aproximadamente 2 minutos. Retire e deixe escorrer.
2. Misture a carne moída com o ovo, o queijo, o alecrim e a pimenta. Recheie a cavidade das berinjelas com a mistura e leve ao forno médio, em forma refratária, coberta com papel-alumínio, por aproximadamente 30 minutos.
3. Na hora de servir, enfeite com o tomate. Sirva quente.

Vinho: *Familia Martinez Bujanda Rosado – Espanha (Rioja) – Mistral Importadora – Sommelier: José Osvaldo do Amarante*

doenças antipáticas

Salmão Prateado

1/2 xícara de vinho branco seco
1/2 xícara de suco de maçã sem açúcar
1 colher de sobremesa de sal
3 folhas picadas de louro fresco
1 colher de sopa de pimenta rosa amassada
1/2 colher de sopa de pimenta-do-reino branca amassada
1 pedaço de filé de salmão, da parte central, com pele, de aproximadamente 400g
azeite para untar

Utensílios Necessários:
assadeira, papel-alumínio, tabuleiro, travessa

Preparo:
1. Numa assadeira, misture o vinho, o suco de maçã, o sal, o louro e as pimentas.
2. Junte o salmão com a parte rosa para baixo e leve à geladeira por 1 hora.
3. Aqueça o forno.
4. Retire o salmão da marinada e embrulhe-o numa folha de papel-alumínio previamente untada com azeite. Coloque-o em um tabuleiro e leve ao forno por aproximadamente 30 minutos para assar.
5. Leve o salmão à mesa em uma travessa, ainda embrulhado no papel do cozimento. Sirva quente.

Sugestão de Acompanhamento:
Salada verde ou com brócolis assado com pesto de castanha-do-pará.

Vinho: Saint Veran – Joseph Drouhin – França (Borgonha) – Mistral Importadora – Sommelier: José Osvaldo do Amarante

Acompanhamentos

Lentilhas e Cevadinha

1/2 xícara de lentilha seca
1/2 xícara de cevadinha seca
sal a gosto
1 ramo de alecrim
1 folha de louro
5 colheres de sopa de suco de limão-siciliano
1 cenoura pequena sem casca ralada fina
1/2 xícara de alho-poró
1 colher de café de cominho em pó

Preparo:
1. Deixe a lentilha e a cevadinha de molho, separadamente, por 2 horas.
2. Na panela da lentilha, coloque o alecrim. Na panela da cevadinha, coloque o louro. Cozinhe-as com água e sal em panelas separadas, al dente. Escorra.
3. Lave e afervente o alho-poró por 1 minuto em água e 1 pitada de sal. Corte-o então em fatias bem finas (só a parte branca).
4. Num recipiente, coloque o suco de limão, a cenoura e o alho-poró. Misture e por fim acrescente os grãos cozidos – a lentilha e a cevadinha. Pode ser servido frio (como salada) ou quente, dependendo da sua preferência.

doenças antipáticas

Brócolis ao Pesto do Pará

1/2 xícara de salsinha picada
1/4 xícara de castanha-do-pará picada
2 colheres de sopa de água
1 colher de sopa de tomilho picado
1/2 colher de sopa de casca de laranja ralada sem a parte branca
1 dente de alho amassado
5 colheres de sopa de azeite
sal e pimenta-do-reino a gosto
1/2kg de brócolis cortados em floretes de 6cm a 8cm (descarte a parte dura da base), lavado e seco
3 colheres de sopa de parmesão ralado de ótima qualidade

Utensílios Necessários:
processador de alimentos, recipiente refratário, papel-alumínio

Preparo:
1. Esquente bem o forno.
2. No processador, coloque a salsinha, a castanha-do-pará, a água, o tomilho, a casca de laranja, o alho, 3 colheres de azeite, o sal e a pimenta e pulse até ficar encorpado e homogêneo. Reserve.
3. Tempere os brócolis com sal e pimenta e, em um recipiente refratário, leve-o ao forno, coberto com uma folha de papel-alumínio, com o restante de azeite. Deixe por aproximadamente 8 minutos. Se for necessário, deixe por mais tempo no forno até ficar tenro, mas não mole demais.
4. Retire os brócolis do forno e tempere com o molho. Salpique o parmesão por cima. Sirva quente.

Obs.: *Os vinhos sugeridos são vinhos secos, que devem ser consumidos com muita moderação quando o diabetes estiver bem controlado e após uma consulta sobre esse assunto com o diabetólogo assistente.*

Sobremesas

Musse de Ricota com Morangos

20 colheres de sopa de água
6 envelopes de adoçante em pó
300g de ricota bem fresca e macia
100ml de creme de leite fresco
gotas de adoçante líquido a gosto
200g de morangos sem cabo
1 colher de café de canela em pó

Utensílios Necessários:
tigelas, batedeira

Preparo:
1. Leve ao fogo a água com o adoçante em pó. Deixe reduzir à metade.
2. Coloque um recipiente pequeno no freezer.
3. Em outro recipiente, amasse a ricota. Bata com uma batedeira para que ela fique bem lisa e cremosa.
4. No recipiente que estava no freezer, coloque o creme de leite e bata para chantilly. Adoce com gotas de adoçante líquido.
5. Junte o creme à ricota delicadamente.
6. Lave e seque os morangos, corte-os em 4 partes e junte-os ao xarope ainda quente.

Montagem:
Divida o xarope com os morangos em dois recipientes. Coloque uma parte em cada uma e por cima a ricota. Enfeite com um morango e canela. Leve à geladeira para gelar.

Carpaccio de Laranja e Abacaxi com Menta

2 laranjas-seletas
200g de abacaxi
canela em pó (para salpicar)
folhinhas de hortelã cortadas em tirinhas bem finas

Utensílio Necessário:
travessa redonda

Preparo:
1. Descasque as laranjas, retire a pele branca e corte em rodelas de 1/2cm.
2. Faça o mesmo com o abacaxi.
3. Arrume as rodelas de laranja e de abacaxi em uma travessa redonda, salpique canela e folhinhas de hortelã. Sirva gelado.

Sugestão de Acompanhamento:
Sorvete diet (o sabor de sua preferência).

Compota de Morangos e Maçãs

2 xícaras de morangos lavados e cortados em fatias
adoçante artificial (equivalente a 2 colheres de sopa de açúcar)
1/2 colher de chá de canela em pó
2 maçãs ácidas, médias, descascadas e cortadas em fatias
1 cravo (opcional)

Utensílios Necessários:
liquidificador, forma refratária

Preparo:
1. Coloque no liquidificador 1 xícara de morangos. Junte o adoçante e a canela ou cravo, se preferir. Bata bem.
2. Numa forma refratária, coloque as fatias de maçã e a outra xícara de morangos. Por cima, coloque o creme dos morangos que foram batidos no liquidificador.
3. Leve ao forno médio por aproximadamente 30 minutos ou até que as maçãs estejam macias. Sirva quente ou frio.

Perda de Memória, Parkinson e Alzheimer

Aquilo que você come pode influir na sua maneira de agir? Hoje os pesquisadores alegam que sim.

Desde os tempos antigos, a comida foi usada para induzir o sono, proteger contra o olho grande e aumentar a libido. A conexão entre comida e comportamento tem despertado o interesse de cientistas behavioristas, nutrólogos, neurologistas, endocrinologistas, nutricionistas, farmacologistas e outros pesquisadores.

O cérebro deve ser bem cuidado e alimentado, pois lhe cabe a grande responsabilidade de manter saudável o funcionamento do nosso corpo e ele, por isso, consome muita energia para a sua atividade normal. Essa energia é fornecida por nutrientes que passam pela corrente sanguínea e chegam até ele a cada bombeamento cardíaco, já que o cérebro é um órgão que não armazena elementos energéticos, como o músculo, por exemplo. Assim, o cérebro requer uma quantidade de nutrientes e substâncias essenciais, que são fornecidas pelos alimentos, porque não é capaz de produzir seus próprios nutrientes. Os alimentos, desse modo, têm relação direta com uma série de doenças do sistema nervoso.

O cérebro, por sua vez, é o coordenador principal dos mecanismos e hormônios que controlam a nutrição de células e tecidos do restante do corpo. O complexo metabolismo cerebral requer permanentemente glicose e oxigênio para a produção de energia. Como se sabe, a glicose é um elemento que se origina dos glicídios ingeridos. Outras substâncias estão envolvidas nessa importante transformação da glicose em energia, como a tiamina (vitamina B1), riboflavina (vitamina B2), niacina (vitamina B3), piridoxina (vitamina B6), o ácido pantotênico, magnésio, manganês, ferro, fosfatos e ácido lipóico, que, portanto, também não podem faltar na alimentação do dia-a-dia.

À medida que o corpo vai envelhecendo, o aparelho digestivo apresenta uma dificuldade crescente em absorver ou mesmo retirar esses elementos dos alimentos, o que vai exigir uma alimentação mais balanceada e orientada, que contenha essas substâncias essenciais. Em muitos casos pode ser necessária uma complementação, e então o médico prescreverá suplementos alimentares que contenham essas substâncias. A falta da ingestão de glicose ou a sua diminuição acentuada no sangue chama-se hipoglicemia, que pode ter origem variada e causa várias manifestações, tais como: tonteiras, tremores, diminuição da capacidade intelectual, distúrbios do comportamento e até mesmo convulsões. Se a hipoglicemia for muito intensa, abaixo de 15 mg% a 20 mg% de glicose, podem ocorrer lesões cerebrais irreversíveis. A hipoglicemia crônica é rara (pode ocorrer em certos tumores do pâncreas) e suas manifestações clínicas podem originar transtornos da personalidade, da memória e do comportamento, parecidos e confundidos com um quadro de demência. Assim, a glicose não pode faltar nas dietas, pois beneficia a memória e o desempenho intelectual do idoso.

Evidentemente, se a pessoa é diabética, a ingestão de glicose que se encontra nos alimentos deve ser bem controlada, com base em uma medicação prescrita para o tratamento do diabetes.

Outros elementos essenciais ao metabolismo cerebral são os aminoácidos, que são precursores de proteínas cerebrais complexas e dos neurotransmissores. Esses aminoácidos também provêm das proteínas contidas nos alimentos. O metabolismo desses aminoácidos, como no caso do triptofano e da tirosina, pode interferir no ciclo de sono-vigília. Os neurotransmissores fazem parte da química da memória e do pensamento.

Os pensamentos "viajam" através das células do cérebro e os neurotransmissores constituem o sistema de transporte. Eles se encontram em grande abundância no cérebro e se concentram em especial no hipocampo, parte do cérebro na qual se encontra o centro da memória. Com o envelhecimento, há uma diminuição não só de neurônios como da utilização de neurotransmissores nas funções cerebrais.

Há mais de cem diferentes substâncias neurotransmissoras. A acetilcolina é a mais abundante e sua deficiência ocasiona perda de memória. O neurotransmissor serotonina é responsável pela sensação de bem-estar, ajuda a controlar a dor e estimula o sono. O baixo nível de serotonina causa mau humor, depressão, diminuição da concentração e também da memória, e aumenta a vontade de comer doces.

A produção de neurotransmissores no cérebro está relacionada com o número de neurônios e o de suas terminações, que são chamadas de sinapses. Sabe-se que com o passar do tempo as pessoas têm uma perda progressiva de neurônios.

Outras causas podem influir na perda de neurônios, como ocorre na doença de Parkinson, por exemplo, com a falta do neurotransmissor dopamina, que regula os movimentos do corpo e provém da tirosina ou fenilalanina, que podem ser encontradas em alimentos como a soja, os feijões e as favas.

Na doença de Alzheimer, há deficiência de acetilcolina, cujo precursor pode ser a lecitina, encontrada na soja, por exemplo, e a colina, encontrada na gema do ovo, carne, peixe, legumes e cereais e ausente na maioria das frutas e verduras. A alimentação correta deve incluir: aminoácidos como triptofano, tirosina, valina, leucina e isoleucina, histidina e treonina, além de vitaminas e sais minerais que agirão como fatores ou cofatores na transformação desses elementos, como nicotinamida, piridoxina, vitamina B12, ácido ascórbico, cálcio, ferro e cobre.

As vitaminas A, C e E também exercem um papel importante no metabolismo cerebral — a vitamina A na função visual, e as vitaminas C e E como antioxidantes. Trabalhos científicos demonstram a eficiência da vitamina E ao reduzir a perda cognitiva na doença de Alzheimer e como um agente que pode interferir na progressão da doença de Parkinson.

As carências de vitamina B12 e de ácido fólico se relacionam com a perda da memória, podendo causar uma demência, que tratada na fase inicial com a reposição dessas vitaminas faz regredir o quadro patológico. Há vários estudos internacionais que apontam a relação entre memória e cognição e o estado nutricional no idoso. Está provado que os idosos com nutrição adequada apresentam melhor desempenho nos testes neuropsicológicos. Muitos idosos, por viverem sozinhos, alimentam-se mal, ou preparam seus alimentos de modo inadequado, piorando sua cognição, num círculo vicioso que os acaba levando à demência.

A deficiência de ácido fólico na pessoa idosa pode ocasionar maior risco de acidentes vasculares cerebrais (derrames) em decorrência da formação excessiva de homocisteína.

As deficiências nutricionais nos idosos podem levar, ainda, a reações inesperadas ou inadequadas quando são prescritas drogas psicoativas, como antidepressivos, neurolépticos e tranqüilizantes.

O envelhecimento do cérebro está diretamente relacionado com o estado de funcionamento dos nossos neurônios. O influxo nervoso se dá pela ação dos neurotransmissores, e as doenças neurodegenerativas começam com a destruição dos neurônios e com os distúrbios no processo biológico da formação dos neurotransmissores. Estudos recentes demonstram que o grande vilão é o radical livre. Portanto, além das substâncias mencionadas, todos os antioxidantes devem ser incluídos em uma alimentação preventiva para que seja mantido por mais tempo um desempenho perfeito do nosso cérebro.

Hoje, os cientistas estão estudando uma substância encontrada no cérebro, a Neuronal Growth Factor (NGF), uma neurotrofina que provoca o crescimento dos neurônios. Parece ainda que, além de outros antioxidantes, a vitamina D está envolvida na regeneração dos neurônios. Essas pesquisas nos trazem fortes esperanças no tratamento e na prevenção das doenças degenerativas do cérebro.

Alimentação ideal

Alimentos mais indicados: gema de ovo, carne bovina, peixe, diversos tipos de feijões, aveia, soja, germe de trigo, alho, aspargos, abóbora, abobrinha, berinjela, brócolis, canjiquinha (para engrossar sopas), cevada, cenoura, cebola, cogumelos, couve, couve-flor, milho, nabo, repolho, ervilha, espinafre, quiabo, avelã, castanha-de-caju, ricota, queijos (mozarela, prato, provolone), tâmara, uva, maçã e melancia.

Perda de Memória, Parkinson e Alzheimer

Entradas

Tris de Funghi

8 cogumelos-de-paris bem grandes
50g de cogumelo seco
100g de shimeji
100g de shiitake
2 colheres de sopa de manteiga
2 colheres de sopa de azeite
2 colheres de sopa de cebola ralada
1/2 copo de vinho branco seco
sal e pimenta-do-reino a gosto
250ml de creme de leite
1 colher de sopa de farinha de trigo
2 colheres de sopa de parmesão ralado

Utensílios Necessários:
papel-alumínio, tabuleiro

Preparo:
1. Limpe os cogumelos-de-paris, retire os talos e reserve-os. Lave-os rapidamente e enxugue-os.
2. Deixe os cogumelos secos de molho por no mínimo 2 horas. Lave-os bem, pois costumam guardar terra.
3. Lave os outros cogumelos e pique grosseiramente os 3 tipos: shimeji, shiitake e cogumelo seco. Pique também os talos dos cogumelos-de-paris.
4. Numa panela, coloque a manteiga e o azeite. Junte a cebola e deixe suar. Acrescente os três cogumelos. Mexa e junte o vinho. Corrija o sal. Salpique pimenta. Deixe cozinhar alguns minutos em fogo bem baixo e panela tampada.
5. Junte o creme de leite. Cozinhe mais um pouco e depois junte a farinha de trigo dissolvida em um pouquinho de água.

6. Junte a mistura de cogumelos e deixe ferver por mais 3 minutos. Retire do fogo.

7. Recheie as cavidades dos cogumelos-de-paris. Polvilhe com o parmesão ralado.

8. Embrulhe cada cogumelo-de-paris em papel-alumínio e leve ao forno médio, por 15 minutos, em tabuleiro com 1 dedo de água no fundo. Os embrulhos devem ter as pontas viradas para cima para não entrar água nos cogumelos. Sirva a seguir.

Vinho: Miguel Torres Coronas – Miguel Torres – (85% Tempranillo e 15% Cabernet Sauvignon) – Espanha (Penedés) – Importadora Reloco – Sommelières: Ana Lúcia Carvalho / Marlene Alves de Souza

Sopa de Cevada

1 cebola média picada
1 talo de aipo sem os fios, picado
1 alho-poró pequeno, só a parte branca, fatiado bem fino
1 talo de funcho sem os fios, picado
1 cenoura média, descascada e picada
2 colheres de sopa de azeite
100g de peito de frango sem pele, cortado em cubinhos de 1cm
1 xícara de cevada
1 litro (aproximadamente) de caldo de vegetais (ver DICAS)
1 folha de louro
2 colheres de sopa de tomilho fresco picado

Preparo:
1. Numa panela, refogue a cebola, o aipo, o alho-poró, o funcho e a cenoura no azeite.
2. Junte o peito de frango e a cevada. Misture bem.
3. Junte o caldo de vegetais e o louro. Deixe ferver em fogo médio com a panela tampada até que a cevada fique macia e o frango cozido.
4. Sirva quente, salpicada de tomilho.

Sopa-Creme de Ervilha e Alho-Poró

Para a Sopa-Creme:
1 colher de sopa de óleo de soja
1 colher de sopa rasa de açúcar
1 alho-poró grande (deixe 5cm da parte verde, cortados em rodelinha e lavados)
250g de ervilha fresca, sem a fava
1 xícara de caldo de frango ou de legumes (ver DICAS)
1 1/2 xícara de leite
sal e pimenta-do-reino a gosto
2 colheres de sopa de queijo branco, tipo requeijão
1 colher de sopa de hortelã picada

Para o Crouton de Queijo:
3 colheres de sopa de óleo de soja
3 fatias de pão preto ou de centeio
3 colheres de sopa de queijo parmesão ou queijo-de-minas-meia-cura ralado

Utensílios Necessários:
liquidificador, peneira, sopeira, pincel, tabuleiro

Preparo da Sopa-Creme:
1. Numa panela, coloque o óleo de soja, junte o açúcar e o alho-poró. Deixe amolecer por aproximadamente 8 minutos em fogo brando.
2. Junte as ervilhas e cozinhe por mais 4 minutos.
3. Junte o caldo e deixe cozinhar ligeiramente. Retire do fogo e reserve.
4. Bata no liquidificador e coe numa peneira pressionando bem os sólidos. Junte o leite a esse purê. Esquente. Tempere com sal e pimenta.
5. Numa sopeira, coloque o queijo e a hortelã.
6. Coloque a sopa-creme bem quente por cima e sirva a seguir com croutons de queijo.

Preparo do Crouton de Queijo:

1. Pincele o óleo de soja nas fatias de pão e leve-as ao forno quente num tabuleiro para dourar. Quando estiverem douradas, corte-as em cubinhos de 1cm.
2. Polvilhe com o queijo e leve ao forno até o queijo derreter.

Obs.: As fatias de pão também podem ser servidas inteiras com o queijo derretido no fundo do prato e a sopa por cima.

Vinho: *Graham's Six Grapes – Graham's – Importadora Mistral – Sommelière: Marlene Alves de Souza*

Terrine de Truta Defumada

300ml de creme de leite fresco
100ml de caldo de peixe (ver DICAS)
3 folhas de gelatina incolor, amolecidas na água e escorridas
sal e pimenta-do-reino a gosto
1 colher de sopa de suco de limão-siciliano
1 colher de sopa de endro fresco picado
folhas de espinafre aferventadas, abertas em um pano limpo para forrar a forma da terrine
4 filés de truta defumada sem pele e sem espinhas
2 tomates sem pele e sem semente cortados em tiras finas

Utensílios Necessários:
batedeira, pano limpo, forma com capacidade para 1/2 litro, filme plástico

Preparo:
1. Numa panela, ferva metade da quantidade do creme de leite e o caldo de peixe até reduzir a 1/3 do volume. Retire do fogo. Coloque a gelatina e deixe amornar.
2. Bata o restante do creme de leite e, delicadamente, junte à mistura com a gelatina. Tempere com sal, pimenta, suco de limão e endro.
3. Forre a forma com filme plástico e depois com as folhas de espinafre. Coloque, então, uma camada do creme, uma de peixe e uma de tomates. Continue o processo até esgotar os ingredientes e encher a forma. Leve à geladeira por no mínimo 4 horas.
4. Desenforme, retire o filme plástico e guarneça com salada de cevadinha com abobrinha e pepino.

Salada de Cevadinha

1 xícara de cevadinha deixada de molho por 2 horas
sal a gosto
1/2 xícara de azeite
suco de 1/2 limão-siciliano
1 pepino japonês sem casca cortado em cubinhos de 0,5cm
1 abobrinha com a casca e sem as sementes, bem lavada
1 tomate sem pele e sem sementes
3 colheres de sopa de manjericão fresco picado
1 cenoura sem casca ralada no ralo fino
1 colher de sopa de alcaparras, lavadas para retirar o sal ou a água da conserva

Utensílios Necessários:
ralador (ralo fino), saladeira

Preparo:
1. Cozinhe a cevadinha em água com pouco sal até ficar macia.
2. Numa saladeira, coloque o azeite, o suco de limão e o manjericão. Misture. Acrescente a cevadinha e os vegetais. Corrija o sal e misture muito bem.

Vinho: Cave Geisse Brut Champenoise — Vinícola Cave de Amadeu — Brasil (Bento Gonçalves) — Importadora Reloco; Fransola Sauvignon Blanc — Miguel Torres — Espanha (Penedés) — Importadora Reloco — Sommelières: Ana Lúcia Carvalho / Marlene Alves de Souza

#Ravióli de Queijo Chinese Style

2 colheres de sopa de cebola picada
2 colheres de sopa de azeite
100g de cogumelos-de-paris em fatias finas
100g de cogumelos tipo shiitake picados
1 colher de chá de tomilho fresco
sal e pimenta-do-reino a gosto
2 colheres de sopa de queijo de cabra macio ou requeijão
2 colheres de sopa de ciboulette picada
8 peças de gyosa (massa de pastel chinês)
2 xícaras de caldo de vegetais (ver DICAS)
8 pontas de aspargos verdes
100g de cogumelos tipo enoki

Utensílios Necessários:
frigideira antiaderente, garfo, panela grande

Preparo:
1. Na frigideira, refogue a cebola com o azeite. Deixe a cebola ficar transparente. Junte o cogumelo e o shiitake. Salteie por 2 minutos. Acrescente o tomilho, o sal e a pimenta.
2. Transfira para um recipiente, junte o queijo e a metade da ciboulette. Misture e deixe esfriar.
3. Coloque as peças de massa gyosa em uma superfície lisa e distribua a mistura dos cogumelos sobre elas, colocando o recheio no centro da massa. Umedeça os lados da massa e dobre em meia-lua. Com o garfo, aperte as pontas para que não se abram durante o cozimento.
4. Numa panela grande, leve o caldo de vegetais para ferver. Junte os raviólis, as pontas dos aspargos e deixe cozinhar por aproximadamente 2 minutos.

Montagem:
Divida os raviólis e as pontas dos aspargos em cada prato. Coloque o caldo. Acrescente os cogumelos enoki e enfeite com ciboulette. Sirva bem quente.

Pratos Principais

Bacalhau Fresco com Alho

400g de filé de bacalhau fresco
4 colheres de sopa de suco de limão-siciliano
3 colheres de sopa de azeite
3 colheres de sopa de manteiga sem sal
5 colheres de sopa de alho fatiado muito fino
3 colheres de sopa de farinha de trigo
4 colheres de sopa de coentro picado
sal e pimenta-do-reino moída na hora a gosto

Utensílios Necessários:
recipiente de vidro, filme plástico, frigideira grande, espátula furada

Preparo:
1. Arrume os filés em um recipiente de vidro e tempere-os com o suco de limão. Cubra com filme plástico e leve à geladeira por 1 hora.
2. Numa frigideira grande, junte o azeite e a manteiga. Leve ao fogo médio e salteie as fatias de alho até começarem a dourar. Não deixe ficar escuro, pois fica amargo. Com uma espátula furada, retire o alho e reserve.
3. Remova os filés do suco de limão, enxugue e passe na farinha de trigo. Reserve o suco. Na mesma frigideira, frite de 2 a 3 minutos cada lado, deixando-os crocantes por fora e macios por dentro. Mantenha o peixe quente até finalizar o prato.
4. Retorne com o alho para a frigideira, coloque o suco de limão em que o peixe ficou na geladeira, coentro picado, sal e pimenta. Aqueça até que o coentro comece a murchar.
5. Coloque o molho sobre o peixe e sirva logo em seguida.

Sugestão de Acompanhamento:
Purê de feijão-branco, temperado com azeite e pimenta-do-reino.

Vinho: Cave Geisse Nature Champenoise — Vinícola Cave de Amadeu — Brasil (Bento Gonçalves) — Importadora Reloco; Viognier Gran Reserva Lolol — Viña Casa Silva — Chile (Vale do Colchagua) — Importadora Reloco — Sommelières: Ana Lúcia Carvalho / Marlene Alves de Souza

Pato com Arroz Basmati

2 colheres de sopa de molho de soja light
1 pedaço pequeno de gengibre ralado
1 dente de alho amassado
1 colher de chá de amido de milho
200g de peito de pato (magret, cortado em tiras de 1cm)
1/2 litro de água
sal a gosto
250g de arroz basmati
óleo suficiente para fritar
2 ovos
2 colheres de sopa de óleo de gergelim
100g de ervilha fresca limpa
1 cenoura descascada e cortada em tiras finas
1 molho de espinafre fresco
1 pimenta-dedo-de-moça pequena picada e sem semente (opcional)
2 cebolinhas verdes
1 nabo pequeno

Utensílios Necessários:
coador, frigideira, batedor de ovos, escorredor de arroz

Preparo:
1. Misture o molho de soja, o gengibre, o alho, o amido de milho e tempere o pato. Deixe na geladeira durante 1 hora para tomar gosto.
2. Coloque para ferver a água com um pouquinho de sal. Quando estiver fervendo, junte o arroz e deixe cozinhar em fogo brando por 15 minutos com a panela tampada. Coe e reserve.
3. Frite as tiras do peito de pato em óleo bem quente e rapidamente. Reserve.
4. Bata os ovos com o óleo de gergelim e, em uma panela, frite-os mexendo até formarem pedaços amarelo-claros.

5. Nesta frigideira, coloque os vegetais e o arroz escorrido, mexendo constantemente.

6. Junte o pato aos vegetais e ao arroz e misture. Sirva quente.

Vinho: *Santa Digna Reserva Shiraz – Miguel Torres – Chile (Curicó) – Importadora Reloco – Sommelières: Ana Lúcia Carvalho / Marlene Alves de Souza*

Bolo de Carne de Vitela e Purê de Batatas e Brócolis Cozidos

Para o Bolo de Carne:
50g de pão branco sem a casca
5 colheres de sopa de leite de vaca ou soja
1/2 cebola média picada
2 colheres de sopa de óleo de soja
1/2 xícara de manjericão, tomilho e orégano (frescos e picados juntos)
400g de carne de vitela moída
1 ovo
sal e pimenta-do-reino moída na hora a gosto
2 colheres de sopa de azeite

Para o Molho:
3 colheres de sopa de vinho tinto seco
1 cebola picada
400ml de caldo de carne (ver DICAS)
1 talo de aipo bem picadinho
1 cenoura bem picadinha
sal e pimenta-do-reino moída na hora a gosto

Utensílios Necessários:
frigideira, filme plástico, forma de bolo inglês, pincel

Preparo do Bolo de Carne:
1. Molhe o pão no leite.
2. Numa frigideira, salteie a cebola no óleo de soja e junte as ervas e o pão molhado. Deixe descansar 1 hora na geladeira coberto com filme plástico.
3. Aqueça o forno a 180ºC. Junte a mistura do pão com a carne de vitela e o ovo. Misture bem e tempere com sal e pimenta.
4. Enforme em forma de bolo inglês untada. Pincele por cima um pouco de azeite e pressione o bolo para baixo com as costas da mão. Asse por 20 a 30 minutos.

Preparo do Molho:

1. Ferva o vinho com a cebola e junte o caldo de carne. Deixe reduzir para aproximadamente 300ml.
2. Junte os vegetais picadinhos e leve para ferver rapidamente. Tempere com sal e pimenta.

Sugestão de Acompanhamento:
Purê de batatas e flor de brócolis cozidos em água e sal.

Vinho: Riesling Spätlese Trocken QmP – Werner Anselmann – Alemanha (Pfalz) – Importadora Vinhos do Mundo – Sommelières: Ana Lúcia Carvalho / Marlene Alves de Souza

Cherne com Polenta com Ervas e Vinho Barolo

Para o Cherne:
2 pedaços de filé de cherne de aproximadamente 200g cada
sal e pimenta-do-reino moída na hora
1 colher de sopa de azeite

Para a Polenta:
200g de farinha para polenta pré-cozida
2 colheres de sopa cheias de ervas: manjericão, salsinha e sálvia bem picadas e com algumas gotas de azeite
sal a gosto

Para o Molho de Barolo:
50g de manteiga sem sal, bem gelada, cortada em pedaços
2 cebolas bem picadas
2 colheres de sopa rasas de açúcar mascavo
300ml de vinho Barolo ou outro vinho tinto encorpado (Nebiollo)

Utensílios Necessários:
frigideira antiaderente, coador

Preparo do Cherne:
1. Tempere o peixe.
2. Na frigideira, coloque o azeite e o peixe. Doure até ficar ao ponto.

Preparo da Polenta:
1. Cozinhe a polenta de acordo com as instruções da embalagem.
2. Junte as ervas e o sal e misture bem. Mantenha quente.

Preparo do Molho de Barolo:
1. Com pouca manteiga, frite as cebolas e o açúcar mascavo até caramelizar.

2. Junte o vinho e deixe ferver até reduzir a 1/4 do volume.

3. Coe e junte o restante da manteiga. Mexa bem até derreter toda a manteiga.

Montagem:
Arrume a polenta num círculo no centro do prato. Por cima, coloque o peixe e, por cima deste, o molho.

Sugestão de Acompanhamento:
Fatias de berinjela fritas ou erva-doce cozida cortada em tiras.

Medalhões de Filé com Molho Zinfandel

1 cebola média picada
1/2 xícara de vinho Zinfandel
1 xícara de caldo de carne (ver DICAS)
4 colheres de sopa de farinha de rosca grossa, tipo Panko (japonesa)
1 colher de chá de manteiga sem sal
3 colheres de sopa de salsinha picada
1 colher de sopa de sálvia picada
1 clara
2 colheres de sopa de óleo
2 bifes de filé-mignon com aproximadamente 155g cada e 3cm de altura
sal e pimenta-do-reino a gosto

Utensílios Necessários:
frigideira, liquidificador, recipiente

Preparo:
1. Numa frigideira, coloque a cebola e o vinho e leve para ferver até reduzir a 1 colher de sopa aproximadamente.
2. Junte o caldo de carne e deixe reduzir até 1/2 xícara. Deixe esfriar.
3. Junte 2 colheres de farinha de rosca e a manteiga e bata no liquidificador até obter uma mistura homogênea e macia.
4. Num recipiente, junte o restante da farinha de rosca, a salsinha, a sálvia e a clara.
5. Aqueça uma frigideira e coloque 1 colher de sopa de óleo. Tempere os medalhões com sal e pimenta e leve à frigideira. Deixe ficar 2 minutos de cada lado.
6. Remova os filés da frigideira e pressione a mistura das ervas em cima de cada um.
7. Junte mais 1 colher de sopa de óleo na mesma frigideira, deixe esquentar bem e volte com os filés colocando o lado que ficou com as ervas para baixo. Frite por mais 2 minutos.

Montagem:
Retire do fogo e arrume no prato com o molho de vinho aquecido embaixo e o filé com a crosta de ervas para cima.

Sugestão de Acompanhamento:
Farofa de germe de trigo torrado.

Vinho: Niebaum-Coppola Rosso (33% Zinfandel, 26% Syrah, 18% Cabernet Sauvignon, 12% Petite Sirah, 11% Sangiovese) – Estados Unidos (Califórnia) – Importadora Reloco – Cabernet Sauvignon Reserva – Bodegas Y Cavas de Weinert – Argentina (Mendonça) – Sommelières: Ana Lúcia Carvalho / Marlene Alves de Souza

Peito de Frango Recheado com Tâmara

6 folhas de espinafre grandes (lavadas)
1 cenoura picada em quadradinhos de 1cm
2 peitos de frango sem pele e sem osso
sal e pimenta-do-reino a gosto
30g de presunto cru (2 fatias)
6 tâmaras sem caroços picadas grandes
2 colheres de sopa de óleo
1 xícara de caldo de frango (ver DICAS)
1 cebola pequena picada
1 colher de café de amido de milho
1 colher de sopa de suco de limão-siciliano
2 colheres de sopa de requeijão
2 colheres de sopa de castanha-de-caju, torrada e picada

Utensílios Necessários:
pano de prato limpo, escorredor, batedor de carne, palito, frigideira, tábua, panela pequena, recipiente, colher de pau

Preparo:
1. Ferva as folhas de espinafre rapidamente em água e sal. Retire do fogo e abra as folhas em um pano de prato limpo. Reserve.
2. Na mesma água do espinafre, cozinhe a cenoura. Escorra e reserve.
3. Bata os peitos de frango para que fiquem finos (6mm) e com o mesmo formato.
4. Tempere com sal e pimenta-do-reino.
5. Cubra cada peito com 3 folhas de espinafre abertas. Sobre o espinafre, 1 fatia de presunto, depois a cenoura e as tâmaras. Enrole como um rocambole e prenda a ponta com um palito.
6. Numa frigideira, coloque 2 colheres de sopa de óleo. Coloque os rolinhos e deixe fritar por 4 minutos cada lado. Quando estiverem cozidos, transfira-os para uma tábua e espere uns 5 minutos.

7. Enquanto isso, numa panela pequena, junte o caldo de frango e a cebola e leve para ferver por 3 minutos.
8. Num outro recipiente, misture o amido de milho e o suco de limão e junte ao outro molho. Leve para ferver até ficar com 1/3 de xícara.
9. Remova do fogo, junte o requeijão e bata com uma colher de pau para dissolver tudo.
10. Corte os rolinhos em fatias de 0,5cm. Guarneça com o molho e salpique a castanha-de-caju. Sirva.

Sugestão de Acompanhamento:
Batata corada com alecrim e abobrinha refogada.

Vinho: *Fleur de Rosé (100% Cabernet Sauvignon Rosé) – Château Los Boldos – Chile (Requinoa) – Importadora Reloco – Sommelières: Ana Lúcia Carvalho / Marlene Alves de Souza*

Acompanhamentos

Farofa de Germe de Trigo Torrado

2 colheres de sopa de azeite
1/2 cebola picadinha
1 banana-prata pequena picada
4 azeitonas pretas picadas
1 xícara de germe de trigo torrado
3 colheres de sopa de manjericão fresco picado
sal a gosto

Preparo:
1. *Numa frigideira, esquente o azeite, coloque a cebola e deixe dourar.*
2. *Acrescente a banana e as azeitonas. Misture.*
3. *Ao final, acrescente o germe de trigo. Misture bem.*
4. *Antes de servir, acrescente o manjericão e corrija o sal.*

Purê de Feijão-Branco

1 xícara de feijão deixado de molho por uma noite
1 1/2 litro de caldo de vegetais (ver DICAS)
2 talos de aipo sem fios cortados
1 cenoura descascada e cortada em pedaços pequenos
1 cebola grande ralada
sal a gosto
3 colheres de sopa de hortelã picada ou de coentro (opcional)

Obs.: *Pode ser usado feijão-mulatinho ou fradinho.*

Utensílios Necessários:
escorredor, processador de alimentos

Preparo:
1. Cozinhe os feijões no caldo de vegetais com o aipo, a cenoura, a cebola e o sal. Quando estiverem macios, escorra e guarde a água do cozimento.
2. Coloque os feijões cozidos, a cenoura, o aipo e a cebola no processador e bata até obter uma mistura homogênea. Se necessário, use um pouco do caldo que ficou reservado, pois a mistura deve ficar leve.
3. Na hora de servir, esquente e enfeite com hortelã por cima.

Sobremesa

Zabaione

óleo de soja suficiente para untar
2 gemas
1/2 xícara de açúcar
1/2 fava de baunilha sem sementes
1/3 xícara de vinho Marsala

Dica: Se não tiver fava de baunilha, use 1 colher de sobremesa de essência.

Utensílio Necessário:
batedeira

Preparo:

1. Unte um recipiente com óleo de soja que possa ser usado em banho-maria. Retire o excesso.
2. Coloque as gemas, o açúcar, a baunilha e o vinho.
3. Leve esse recipiente para banho-maria, de modo que a água fervendo não toque o fundo do recipiente com as gemas.
4. Com a batedeira, bata as gemas até que dobrem de volume e fiquem bem esbranquiçadas.
5. Sirva quente em cima de frutas de sua preferência.

Osteoporose

A osteoporose é caracterizada por uma diminuição da massa óssea e uma desorganização da microarquitetura dos ossos, o que os torna frágeis e com maior tendência a fraturas.

A osteoporose é uma doença osteometabólica, ou seja, ela se desenvolve em decorrência de uma alteração do metabolismo ósseo e não é sinônimo de um envelhecimento dos ossos. É evidente que, com o correr do tempo, essa alteração óssea progride e, por isso, tende a aparecer em uma faixa etária mais avançada. A osteoporose atinge uma em cada quatro mulheres aos cinqüenta anos, e um em cada dez homens a partir dos 65 anos.

A massa óssea é constituída de cristais de cálcio, fósforo e colágeno e a osteoporose acarreta uma perda acelerada dessa massa óssea. Basicamente, o organismo fabrica a massa óssea utilizando o cálcio que se encontra nos alimentos, auxiliado pelos exercícios e pela exposição ao sol. A pessoa alcança o "pico máximo" de massa óssea por volta dos trinta anos de idade. A partir daí, verifica-se uma perda fisiológica anual de "osso" de 0,5% a 1%, o que é considerado normal.

Mulheres após a menopausa, ou com deficiência hormonal, apresentam uma perda de massa óssea mais acelerada, principalmente se pertencerem à raça branca, numa porcentagem de 25% a 30%. Os hormônios sexuais femininos impedem a perda acentuada de massa óssea.

A mulher no período da menopausa tem seis vezes mais possibilidade de desenvolver osteoporose do que o homem da mesma idade (45-50 anos); já após os 70 anos, essa porcentagem gira em torno de dois para um. Os ossos da mulher são menores e mais frágeis e possuem menor densidade óssea. O tipo físico também influi na maior ou menor predisposição à osteoporose. Em geral, as pessoas magras e que se encontram abaixo do peso ideal têm maior tendência a desenvolver a doença.

Quando o homem atinge a andropausa, o mesmo pode acontecer. Em virtude da redução dos hormônios sexuais entre 65 e 70 anos, pode aparecer a osteoporose, o que aumenta consideravelmente o risco de fraturas. O uso prolongado de certos medicamentos, como a cortisona e os anticonvulsivantes, também favorece o surgimento de osteoporose.

Abordada de maneira precoce, quando os ossos apresentam apenas osteopenia, que significa uma perda óssea inicial e pequena e ainda não foram lesadas em definitivo as trabéculas (pequenas "pilastras" do osso), pode-se conseguir uma regressão do processo. Essa regressão pode ocorrer desde que seja instituído um programa de exercícios, orientação alimentar (privilegiando os alimentos ricos em cálcio) e exposição ao sol da manhã, que ativará a absorção da vitamina D. Todas essas medidas devem ser complementadas com medicação específica. Se, apesar do tratamento, não conseguirmos restabelecer completamente o volume de massa óssea nos processos mais avançados, a conduta prescrita pelo médico pode diminuir significativamente o risco das fraturas chamadas osteoporóticas, mais freqüentes nas vértebras, no colo do fêmur, no punho e no úmero.

Fica claro que o mais importante no tratamento da osteoporose é a prevenção. Quando a pessoa perde 20% a 30% de sua massa óssea, já não consegue mais recuperar totalmente essa perda, portanto, o mais importante é ter em mente a importância de prevenir a instalação e o desenvolvimento do processo em que a alimentação exerce papel relevante. Caso a doença se encontre em fase mais avançada, hoje já existem medicamentos muito eficazes em termos de recuperação de parte dessa massa óssea e que podem minimizar o problema. Apesar de não ser possível recuperar toda a massa óssea perdida, os medicamentos atualmente empregados conseguem que o osso recupere boa parte de sua massa perdida e, dessa forma, diminua de forma significativa o risco de fratura por osteoporose, como foi assinalado.

Uma pessoa que já sofreu uma fratura tem de 5 a 12 vezes mais chances de sofrer uma nova fratura.

A raça é outro fator importante na suscetibilidade de desenvolver osteoporose, e a maior predisposição é da raça amarela, seguida da branca, da mestiça e, por fim, da negra.

Pessoas que fazem uso freqüente e há muito tempo de tranqüilizantes, corticóides, imunossupressores e bebidas alcoólicas se tornam maiores candidatos à osteoporose.

Um dado interessante a respeito de refrigerantes à base de cola é que essas bebidas contêm um conservante – o ácido pirofosfórico – que retira o cálcio dos ossos, aumentando a excreção desse mineral na urina. As pessoas que ingerem, regularmente, por dia, um litro ou mais dessas bebidas estão sujeitas a maior perda óssea.

Doenças reumáticas e hipertireoidismo também podem causar a osteoporose.

Hereditariedade é um fator importante quanto a maior ou menor predisposição das pessoas em desenvolver a osteoporose. Quem tem parentes próximos como mãe, tia ou irmã que sofrem de osteoporose é suscetível e deve, o mais precocemente possível, submeter-se a uma densitometria óssea. A osteoporose é considerada uma doença que tem forte componente familiar, uma vez que 75% do nosso esqueleto é herdado geneticamente. O fator hereditário, portanto, é extremamente importante. Os pesquisadores detectaram um gene que pode determinar se a pessoa é candidata à osteoporose, porque esse gene é o responsável pelo volume de massa óssea do esqueleto e determina o "pico máximo" que a pessoa pode ter.

A densitometria óssea é um método de avaliação da massa óssea. É o exame principal para detectar a osteoporose. É um método de raios X computadorizado que emite baixíssima radiação e tem a capacidade de detectar qualquer perda de massa óssea precoce que ocorra na mulher entre 45 e 50 anos.

A densitometria em geral é realizada na coluna, no fêmur e no antebraço, que são as áreas mais freqüentes de fraturas. Atualmente, o método mais utilizado é o Dexa, chamado de densitometria por absorção de fótons de dupla energia.

Aquelas mulheres que têm na família casos de osteoporose, que seguem regime alimentar e consomem poucos alimentos contendo cálcio, não praticam exercícios, abusam do café e de bebidas alcoólicas, fumam, as que tomam ou tomaram cortisona por tempo prolongado, usam hormônio tireoidiano ou tiveram problemas de tireóide e diabetes devem fazer anualmente uma densitometria óssea e ter acompanhamento especializado após o período da menopausa.

Qualquer pessoa que apresente sinais considerados de osteopenia, ou que se proponha a prevenir a osteoporose, deve se preocupar em adotar uma nutrição adequada, fator determinante nessa prevenção, assim como praticar exercícios físicos regularmente. O exercício mais simples e fácil de se executar é a caminhada, que deve ser feita de preferência todos os dias, aproveitando o sol da manhã. A exposição ao sol nas primeiras horas do dia é benéfica porque estimula a produção de vitamina D no organismo, que interage com o cálcio.

doenças antipáticas

Em alguns casos, quando não existir contra-indicação, a reposição hormonal pode ser instituída. Caso haja contra-indicação, atualmente estão disponíveis outros medicamentos, entre eles o Raloxifeno. Os bifosfanatos, dos quais os mais utilizados são o alendronato de sódio e um novo bifosfanato, o risodronato, podem ser utilizados para prevenir a perda de massa óssea acentuada no período da pós-menopausa.

Alimentação ideal

Alimentos mais indicados: os alimentos mais ricos em cálcio são o leite e derivados (laticínios, como queijo e iogurte).

Um copo de leite cheio contém 300 mg de cálcio, seja o leite normal ou desnatado. Alguns vegetais contêm cálcio, como couve, brócolis e chicória. A cebola, apesar de não ser rica em cálcio, parece ter uma ação que evita a reabsorção óssea. Outro alimento importante é o tofu, ou queijo de soja, e também o leite de soja.

Alguns peixes, como sardinha, salmão e viola, e algumas frutas, como laranja e tangerina, são ricos em cálcio.

As fontes naturais com maior concentração de cálcio são: abóbora, acelga, agrião, amêndoa, aveia, avelã, azeitona verde, badejo, brócolis, canela em casca, chá, chocolate, coalhada, coco, coentro, cominho em pó, gergelim, hortelã, iogurte, leite condensado, leite de cabra, leite de vaca, leite em pó, mariscos, mascarpone, merluza, mostarda amarela (condimento), mostarda crespa, queijo-cavalo italiano, queijo cheddar, queijo emmenthal, queijo gorgonzola, queijo gruyère, queijo-de-minas, queijo parmesão, queijo prato, queijo provolone, queijo roquefort, queijo ricota, queijo suíço, rabanete, rapadura, salsa, siri, sorvete de creme, tremoço amarelo e waffles.

Osteoporose

Entradas

Sopa de Agrião e Brócolis

1 alho-poró cortado em rodelas finas (parte branca)
1 colher de sopa de vinagre de maçã
250ml de água
1/2 xícara de manteiga sem sal
1 cebola pequena picada
2 pitadas de sal
1 pitada de pimenta-do-reino
1/2 litro de caldo de frango (ver DICAS)
1 batata grande descascada e fatiada
1 maço de brócolis americano
1 maço de agrião (somente as folhas, lavadas e secas)
1/2 xícara de iogurte integral ou creme de leite fresco

Utensílio Necessário:
processador de alimentos

Preparo:
1. Deixe o alho-poró de molho no vinagre com água por 15 minutos. Enxágüe e seque.
2. Derreta a manteiga em uma panela em fogo baixo. Junte o alho-poró, a cebola, 1 pitada de sal, a pimenta e refogue por 2 minutos.
3. Junte o caldo de frango e a batata e cozinhe por 15 minutos.
4. Acrescente à sopa os galhinhos mais tenros dos brócolis, fatiados, e reserve as flores.
5. Por último, coloque o agrião, por apenas 2 minutos, e deixe esfriar um pouco. Passe no processador.
6. Junte o iogurte. Esquente. Afervente as flores por 1 minuto em água e 1 pitada de sal. Sirva a sopa quente guarnecida com as florezinhas escorridas.

Vinho: *Santa Rita Reserva Sauvignon Blanc – Santa Rita – Chile (Valle de Maipo) – Grand Cru Importadora – Sommelier: Mariano Levy*

doenças antipáticas

Figos Grelhados com Espuma de Mascarpone e Presunto de Parma

1/2 xícara de queijo mascarpone ou cream cheese
1 xícara de creme de leite fresco bem gelado
3 figos lavados e cortados ao meio, com cabinho
4 colheres de sopa de manteiga sem sal derretida
1/4 de xícara de açúcar
sal e pimenta-do-reino a gosto
6 fatias finas de presunto de Parma

Utensílios Necessários:
batedeira elétrica, frigideira antiaderente

Preparo:
1. Para fazer a espuma, bata o queijo e o creme de leite na batedeira. Reserve.
2. Esquente a frigideira.
3. Coloque a manteiga em um prato. Em outro prato, coloque o açúcar.
4. Passe os figos na manteiga e depois no açúcar.
5. Leve-os à frigideira quente para grelhar por 2 ou 3 minutos, virando uma vez.
6. Tempere com sal e pimenta e leve à geladeira.

Montagem:
Para servir, coloque uma fatia de presunto em volta da base do figo e um pouquinho da espuma entre o figo e o presunto. Sirva a seguir.

Vinho: Doña Paula Chardonnay Estate 2004 – Argentina (Luján de Cuyo, Mendoza) – Grand Cru Importadora – Sommelier: Mariano Levy

Salada de Queijos Aquecidos

Para a Salada:
100g de ricota
1 colher de sopa de azeite
2 colheres de sopa de ervas frescas picadas (sálvia, manjericão, tomilho)
sal e pimenta-do-reino a gosto
100g de queijo de cabra
croutons de alho (ou outro de sua preferência)
2 fatias de queijo brie (aproximadamente 50g cada)
biscoitos tipo cream-cracker integral
mix de folhas para salada

Para o Molho:
1/2 xícara de azeite
2 colheres de sopa de vinagre de maçã
sal e pimenta-do-reino moída na hora, a gosto

Utensílio Necessário:
papel-alumínio

Preparo da Salada:
1. Amasse a ricota e junte o azeite e as ervas. Tempere com sal e pimenta. Faça 8 bolinhas e divida nos pratos.
2. Passe o queijo de cabra nos croutons e respingue com azeite. Coloque sobre uma folha de papel-alumínio para que possa ir ao forno.
3. Na mesma folha coloque o queijo brie polvilhado com o farelo dos biscoitos. Leve ao forno até que derretam e estejam aquecidos.

Preparo do Molho:
Misture todos os ingredientes.

Montagem:
Divida as folhas da salada em dois pratos. Arrume os queijos sobre as folhas e coloque o molho por cima de tudo. Sirva imediatamente.

Vinho: Floresta Sauvignon Blanc – Santa Rita – Chile (Valle de Leyda) – Grand Cru Importadora – Sommelier: Mariano Levy

doenças antipáticas

Pratos Principais

Fritada de Salmão Defumado

4 ovos grandes
5 colheres de sopa de leite
1/2 xícara de cebolinha (de preferência, ciboulette) cortadinha
1/4 de xícara de manjericão picado
1 pitada de pimenta-do-reino moída na hora
1 pitada de sal
1 colher de sopa de azeite
50g de cream cheese cortado em pedaços pequenos
80g de fatias finas de salmão defumado picado

Utensílios Necessários:
frigideira (que possa ir ao forno), espátula, papel-alumínio

Preparo:
1. Misture os ovos, o leite, a cebolinha, o manjericão, a pimenta e o sal. Esquente o forno.
2. Aqueça a frigideira sobre a chama, coloque o azeite, depois a mistura dos ovos e, sobre esta, o cream cheese. Deixe ir cozinhando, levantando as bordas já douradas com uma espátula, para que a mistura ainda crua possa ir para o fundo da frigideira, cozinhando pouco a pouco.
3. Arrume o salmão por cima, fazendo leve pressão para que se acomode sobre o cream cheese.
4. Leve a frigideira ao forno para terminar o cozimento da fritada. Caso o cabo da frigideira seja de plástico, enrole-o em folha dupla de papel-alumínio. Corte em fatias e sirva morna ou mesmo fria.

Sugestão de Acompanhamento:
Salada verde.

Vinho: *Floresta Sauvignon Blanc – Santa Rita – Chile (Valle de Leyda) – Grand Cru Importadora – Sommelier: Mariano Levy*

Cogumelos-de-Paris Recheados com Nozes e Queijo

6 cogumelos-de-paris grandes
1 colher de sopa de azeite
1 colher de sopa de manteiga
1/2 xícara de cebola picada
2 colheres de sopa de nozes picadas
100g de espinafre cozido e picado
50g de queijo provolone picado
50g de queijo suíço picado
2 colheres de sopa de endro fresco picado
sal a gosto
pimenta-do-reino a gosto (opcional)

Utensílios Necessários:
pano úmido, tabuleiro

Preparo:
1. Remova os talos dos cogumelos e esfregue as cabeças com um pano úmido para retirar as impurezas. Reserve.
2. Esquente o azeite e a manteiga numa frigideira, junte a cebola e deixe ficar macia. Aqueça o forno.
3. Junte as nozes à cebola e depois o espinafre, cozinhando por mais 5 minutos. Retire do fogo e deixe esfriar.
4. Junte os queijos, o endro e corrija o sal.
5. Acrescente a pimenta. Num tabuleiro untado, disponha os cogumelos com a cavidade virada para cima. Recheie-os com a mistura de queijos e espinafre. Leve para assar por 10 minutos até amolecerem e o recheio ficar dourado.

Sugestão de Acompanhamento:
Sirva os cogumelos sobre folhas de alface ou arroz selvagem.

Vinho: *Tabalí Syrah – Viña Tabalí – Chile (Valle de Limarí) – Grand Cru Importadora – Sommelier: Mariano Levy*

doenças antipáticas

Vieiras em Molho Citrus Iogurte

1/2 xícara de iogurte integral firme
2 colheres de sopa de coentro fresco picado
1 colher de sopa de suco de limão
2 colheres de sopa de suco de laranja
1 pimentão amarelo sem semente e sem casca
1/2 colher de café rasa de cominho em pó (1 pitada)
1 dente de alho amassado
12 vieiras grandes sem coral
sal e pimenta-do-reino a gosto
1 colher de sopa de óleo de soja

Utensílios Necessários:
liquidificador, recipiente de vidro ou aço inox, toalha de papel

Preparo:
1. Bata no liquidificador o iogurte e os temperos.
2. Coloque em um recipiente as vieiras limpas e secas. Despeje a mistura do iogurte por cima e deixe marinar por 4 horas.
4. Retire as vieiras da marinada com um toalha de papel e tire o excesso de iogurte.
5. Tempere as vieiras com sal e pimenta e frite-as no óleo de soja quente. Não deixe muito tempo no fogo. Doure-as de um lado e depois do outro. Retire-as da panela e mantenha quente.

Sugestão de Acompanhamento:
Arroz basmati ou purê de espinafre.

Vinho: Valle Pradinhos 2004 branco – Valle Pradinhos – Portugal – Grand Cru Importadora – Sommelier: Mariano Levy

Risoto Cremoso de Limão e Cavaquinha

1 colher de sopa de óleo
1 colher de sopa de manteiga
1 erva-doce (funcho) pequena cortada em fatias bem finas
1 cebola pequena cortada em fatias bem finas
1 xícara de arroz arbório
1/2 copo de vinho branco seco de boa qualidade
3 xícaras de caldo de frango ou de peixe (ver DICAS)
casca ralada de 1 limão-siciliano
1/4 de xícara de creme de leite fresco quente
1 colher de sopa de suco de limão
2 cavaquinhas limpas
2 colheres de sopa de azeite
sal a gosto

Para Decorar:
folhinhas mais novas da erva-doce

Utensílios Necessários:
frigideira antiaderente, prato de serviço

Preparo:
1. Em uma panela, coloque o óleo e a manteiga. Junte a erva-doce e a cebola. Quando a cebola ficar transparente, junte o arroz. Misture.
2. Acrescente o vinho. Mexa até evaporar.
3. Coloque aos poucos o caldo de frango ou de peixe preaquecido e vá mexendo.
4. Acrescente a casca de limão ralada e termine o cozimento com o creme de leite.
5. Por fim, adicione o suco de limão.
6. Enquanto isso, passe as cavaquinhas no azeite, tempere com sal e grelhe na frigideira (ou, se preferir, cozinhe-as em um pouco de água, vinho branco, sal e ervas finas).

Montagem:
No prato de serviço, coloque o risoto, por cima as cavaquinhas fatiadas em 3 partes cada uma e enfeite com as folhinhas da erva-doce.

Vinho: Santa Rita Medalla Real Chardonnay – Santa Rita – Chile – Grand Cru Importadora – Sommelier: Mariano Levy

Nhoque de Ricota

Para o Nhoque:
500g de ricota fresca
1 xícara de espinafre fresco cozido
4 ovos inteiros
6 colheres de sopa de queijo parmesão ralado de boa qualidade (faixa azul ou vermelha)
1 colher de chá de sal
1 colher de café de noz-moscada
2 xícaras de farinha de trigo
10 folhas de manjericão

Para o Molho de Tomate:
250g de tomate sem casca e sem semente (5 tomates grandes)
2 colheres de sopa de azeite
1 dente de alho

Utensílios Necessários:
peneira, aro com 20cm de diâmetro

Preparo do Nhoque:
1. Passe a ricota na peneira.
2. Esprema bem o espinafre e pique muito bem com a faca.
3. Misture o espinafre à ricota e depois junte os ovos, o parmesão, o sal e a noz-moscada.
4. Faça bolinhas de 20cm de diâmetro e passe levemente na farinha de trigo. Retire o excesso. Cozinhe em água fervente por 2 minutos. Escorra.

Preparo do Molho de Tomate:
1. Aqueça o azeite, acrescente o dente de alho mas não deixe fritar.
2. Junte a polpa de tomate, deixe esquentar por 2 minutos. Retire o dente de alho.

Montagem:
Sirva bem quente com o molho de tomate. Enfeite os nhoques com 10 folhas de manjericão.

Vinho: Humberto Canale Pinot Noir – Humberto Canale – Argentina (Rio Negro, Patagônia) – Grand Cru Importadora – Sommelier: Mariano Levy

Fondue Grego

1 colher de sopa de azeite de boa qualidade
2 dentes de alho
1 colher de sopa de orégano seco
2 xícaras de vinho branco seco
450g de queijo kasseri ou feta ralado
2 a 3 colheres de sopa de farinha de trigo
1 colher de sobremesa de casca de limão ralada (de preferência tipo siciliano)
1 pitada de canela
1 pitada de noz-moscada
pimenta-do-reino moída na hora a gosto
2 colheres de sopa de brandy

Utensílio Necessário:
panela de cerâmica ou de barro

Preparo:
1. Aqueça o azeite na panela de cerâmica em fogo baixo.
2. Junte o alho e o orégano. Deixe o alho ficar macio, mas não dourado.
3. Junte 1 1/2 xícara de vinho e deixe aquecer.
4. Misture o queijo ralado e a farinha de trigo. Junte colheradas da mistura do queijo e da farinha de trigo aos poucos dentro da panela e vá mexendo sem parar.
5. Quando a mistura estiver toda derretida, junte a casca de limão, a canela, a noz-moscada e a pimenta.
6. Acrescente o brandy. Se a mistura estiver muito grossa, coloque mais um pouco de vinho branco até atingir a textura ideal.

Sugestão de Acompanhamento:
Pão de gergelim, lingüiça calabresa aferventada, tiras de pimentão vermelho, tomate-cereja e azeitonas gregas.

Vinho: Doña Paula Shiraz Malbec 2004 – Doña Paula – Argentina (Luján de Cuyo, Mendoza) – Grand Cru Importadora – Sommelier: Mariano Levy

doenças antipáticas

Suflê de Queijo Gratinado

3 1/2 colheres de sopa de manteiga sem sal
3 1/2 colheres de sopa de farinha de trigo
1 1/2 xícara de leite
1/3 de xícara de vinho branco seco
6 gemas
1 colher de sopa de mostarda de Dijon
2 colheres de sopa de ervas finas frescas (ciboulette, manjericão, sálvia)
2 xícaras de queijo suíço ralado
sal e pimenta-do-reino a gosto
1 pitada de noz-moscada
6 claras
1 pitada de cremor tártaro ou fermento em pó
3/4 de xícara de creme de leite fresco (opcional)
1 1/2 xícara de queijo suíço ou gruyère ralado (opcional)

Utensílios Necessários:
forma, batedor de claras, travessa

Preparo:
1. Derreta a manteiga em fogo baixo. Quando começar a espumar, junte a farinha, misture e deixe cozinhar por 1 minuto.
2. Junte aos poucos o leite e o vinho fora do fogo. Depois de bem misturado, volte com a panela ao fogo e cozinhe mexendo até engrossar.
3. Retire do fogo novamente e junte as gemas, uma a uma, mexendo bem.
4. Junte a mostarda, as ervas e o queijo.
5. Corrija o sal e adicione a pimenta e a noz-moscada. Reserve.
6. Aqueça o forno e unte a forma.
7. Bata as claras em neve e acrescente o cremor tártaro. Junte as claras batidas delicadamente à mistura reservada. Enforme e asse em forno médio por 45 minutos aproximadamente. Sirva imediatamente.
8. Se desejar o suflê gratinado, após estar assado, retire do forno, deixe

esfriar em temperatura ambiente e depois leve à geladeira coberto até ficar completamente frio.

9. Aqueça a gratinadora do forno. Corte o suflê em fatias de 4cm de largura e coloque em travessa untada com manteiga.

10. Coloque o creme de leite sobre as fatias e cubra com o queijo. Gratine até o queijo borbulhar e ficar ligeiramente dourado.

Vinho: *Glen Carlou Syrah – Glen Carlou – África do Sul: Grand Cru Importadora – Sommelier: Mariano Levy*

doenças antipáticas

Galeto Assado em Polenta de Abóbora

Para o Galeto Assado:
2 galetos limpos, prontos para assar
4 folhas de sálvia fresca
4 folhas de louro
2 dentes de alho amassados
sal e pimenta-do-reino a gosto
azeite suficiente para untar
2 colheres de sopa rasas de mel
1/2 xícara de caldo de frango
250ml de vinho branco seco

Para a Polenta de Abóbora:
300g de abóbora
1 1/2 litro de caldo de frango
sal a gosto
1 pitada de noz-moscada
3/4 de xícara de farinha para polenta instantânea
pimenta-do-reino a gosto (opcional)
azeite suficiente para regar a polenta
folhas de rúcula para decorar

Utensílios Necessários:
escorredor, assadeira, tabuleiro ou pirex

Preparo do Galeto Assado:
1. Tempere os galetos por dentro e por fora com a sálvia, o louro, o alho, o sal e a pimenta.
2. Em uma assadeira untada com azeite, coloque os galetos com o peito para cima. Asse por 15 minutos a 230ºC.
3. Espalhe um pouco de mel sobre cada galeto e junte o caldo de frango e o vinho. Asse por mais 15 minutos, regando com os caldos 2 ou 3 vezes até que estejam assados e dourados.

Preparo da Polenta de Abóbora:

1. Cozinhe a abóbora no caldo de frango. Escorra, tempere com sal e noz-moscada. Reserve o caldo do cozimento para o preparo da polenta.
2. Prepare a polenta de acordo com as instruções da embalagem, usando o caldo como o líquido pedido na receita (se necessário complete com água).
3. Amasse bem a abóbora e faça um purê.
4. Corrija o sal, acrescente a pimenta e junte à polenta pronta. Misture e coloque em um tabuleiro untado para assar. Pingue azeite por cima e leve ao forno por 30 minutos até dourar.

Montagem:

Corte a polenta em forma de retângulo do tamanho do galeto. Decore com umas folhinhas de rúcula e sobre estas o galeto bem quente. Sirva a seguir.

Vinho: Crios de Susana Balbo Malbec – Dominio del Plata – Argentina (Luján de Cuyo, Mendoza) – Grand Cru Importadora – Sommelier: Mariano Levy

Acompanhamentos

Crisps de Queijo

125g de queijo gruyère ralado
60g de manteiga sem sal amolecida
1/2 xícara de farinha de trigo
1 pitada de pimenta-do-reino
1 pitada de sal

Utensílios Necessários:
papel-manteiga, tabuleiro

Preparo:
1. *Misture todos os ingredientes e forme uma massa. Enrole como se fosse um salame em papel-manteiga. Leve ao congelador até que esteja firme para ser cortada.*
2. *Corte em fatias bem finas e asse por 5 minutos ou até estarem douradas.*
3. *Espere esfriar, retire do tabuleiro com cuidado e guarde bem fechado.*

Saladinha de Rigatone e Ricota

10 rigatones
1 xícara de ricota fresca passada na peneira
4 folhas de manjericão picadas
1 colher de sopa de parmesão ralado bem fino
sal e pimenta-do-reino a gosto
1 pimentão amarelo cortado em tiras bem fininhas
1 xícara de vagem francesa cozida al dente
1 tomate sem pele e sem semente picado em cubos de 1cm
molho pesto (ver DICAS)

Utensílio Necessário:
escorredor de macarrão

Preparo:
1. Cozinhe o rigatone em água fervendo. Escorra e reserve.
2. Tempere a ricota com o manjericão, o parmesão, o sal e a pimenta.
3. Recheie a massa cozida. Reserve.

Montagem:
No prato de servir, coloque o pimentão, a vagem e o tomate. Tempere com o molho pesto. Arrume o rigatone recheado por cima e sirva.

Sobremesas

Bolinhos de Damasco Seco

2 xícaras de farinha de trigo
1 colher de sopa de fermento em pó
4 colheres de sopa de açúcar
1/2 colher de chá de sal
1/2 xícara de damasco seco picado (de preferência damasco turco)
1 1/2 xícara + 2 colheres de sopa de creme de leite fresco

Utensílios Necessários:
peneira, assadeira

Preparo:
1. Aqueça o forno a 250ºC.
2. Peneire a farinha com o fermento, 3 colheres de açúcar e o sal em um recipiente. Junte os damascos.
3. Acrescente 1 1/2 xícara de creme de leite até formar uma massa.
4. Numa superfície enfarinhada e lisa, abra a massa com 1cm de espessura. Dobre em 3, uma parte por cima da outra. Estenda outra vez até atingir 1,5cm de espessura. Cuidadosamente, corte 12 círculos. Leve a uma assadeira untada. Cubra cada círculo com as 2 colheres de creme de leite reservadas e pulverize com o restante do açúcar. Asse por 15 minutos até dourar. Sirva quente.

Vinho: Santa Rita Late Harvest – Santa Rita – Chile – Grand Cru Importadora – Sommelier: Mariano Levy

Pudim Indiano de Amêndoas

350ml de leite
50g de açúcar mascavo
1 pitada de açafrão em pó
1 pitada de cardamomo em pó
1 pitada de ágar-ágar*
1/2 cenoura ralada bem fina
3 colheres de sopa de amêndoas picadas
2 colheres de sopa de passas brancas

Utensílios Necessários:
formas individuais ou xícaras de café

Para Decorar:
200g de iogurte natural consistente
2 colheres de sopa de amêndoas laminadas torradas

Preparo:
1. Ferva o leite com o açúcar, o açafrão, o cardamomo e o ágar-ágar. Retire do fogo.
2. Junte a cenoura, as amêndoas e as passas. Leve para ferver outra vez durante 3 ou 4 minutos. Retire do fogo.
3. Deixe amornar e enforme em moldes individuais ou em xicrinhas de café. Deixe endurecer por 12 horas.

Montagem:
Na hora de servir, divida o iogurte e espalhe no fundo dos pratinhos. Desenforme os pudins sobre o iogurte e enfeite com as amêndoas.

Vinho: Santa Rita Late Harvest – Santa Rita – Chile – Grand Cru Importadora – Sommelier: Mariano Levy

*Adensante encontrado em lojas de produtos naturais.

Pudim de Noel com Molho de Frutas Vermelhas

Para o Pudim de Noel:
1 xícara de creme de leite fresco gelado
1/3 de xícara de iogurte natural firme (sem o soro)
5 gemas
1/3 de xícara de mel de flor de laranjeira
2 colheres de sopa de água
óleo de soja suficiente para untar
açúcar suficiente para salpicar

Para o Molho de Frutas Vermelhas:
1/2 xícara de framboesas
1/2 xícara de mirtilos
1/2 xícara de morangos
1/4 de xícara de açúcar

Utensílios Necessários:
batedeira, 4 forminhas individuais de pudim

Preparo do Pudim de Noel:
1. Bata o creme de leite em ponto de chantilly. Acrescente o iogurte e mantenha na geladeira.
2. Bata as gemas até ficarem bem fofas e esbranquiçadas.
3. Ferva o mel e a água por 30 segundos. Retire do fogo e vá juntando as gemas. Bata até que a mistura fique fria.
4. Junte a misture das gemas delicadamente à mistura do creme de leite com o iogurte.
5. Unte 4 forminhas individuais de pudim com óleo de soja, coloque a mistura e salpique com açúcar. Leve ao congelador por no mínimo 4 horas.

Preparo do Molho de Frutas Vermelhas:
Misture tudo. Deixe descansar por 30 minutos.

Montagem:
Na hora de servir, desenforme os pudins e cubra com o molho de frutas vermelhas.

Vinho: Santa Rita Late Harvest – Santa Rita – Chile: Grand Cru Importadora – Sommelier: Mariano Levy

Câncer

Hoje, o câncer não é mais considerado uma doença fatal. Apesar disso, mesmo em casos de bom prognóstico, ainda é forte a crença de que câncer e morte são sinônimos. Nos últimos anos, o câncer passou a ser uma doença curável graças ao grande avanço nos estudos do comportamento dos tumores malignos, ao aprimoramento da tecnologia que permite um diagnóstico cada vez mais precoce, à maior eficiência dos tratamentos modernos e à adoção das medidas de prevenção.

A palavra câncer vem do latim *cancer*, que significa caranguejo, e da palavra grega *karkinos* (caranguejo). Foi usada pela primeira vez por Galeno (131-201 d.C.) na Ásia Menor, para designar um tumor maligno de mama, por ele estudado, em que as veias, túrgidas e ramificadas, lembravam as patas de um caranguejo.

Câncer é o nome dado a uma centena de doenças que se caracterizam pelo crescimento desordenado de células, considerado maligno, e que pode acontecer em diversos tecidos e nos mais diferentes órgãos, com uma tendência a se disseminar para outras regiões do corpo dando origem às metástases.

As células malignas se multiplicam rapidamente, são muito agressivas e não respeitam os limites dos órgãos ou dos tecidos onde se originaram.

As células cancerosas ao se agruparem, em decorrência do seu crescimento rápido, formam os tumores que são chamados de neoplasias malignas. As alterações da estrutura celular podem ser decorrentes da ação de diversos fatores, quer físicos, químicos ou biológicos. Existe hoje em dia uma teoria amplamente aceita da participação efetiva do sistema imunológico no aparecimento do câncer e no desenvolvimento do tumor maligno. Essa teoria afirma que as células cancerosas se desenvolvem continuamente no organismo, nos mais diferentes tecidos e órgãos do corpo humano, e que o sistema imunológico tem a capacidade de reconhecê-las como células anormais e destruí-las. Sendo assim, um sistema imunológico forte e ativo pode evitar o aparecimento e o desenvolvimento de tumores, enquanto um estado imunológico debilitado favorece a malignidade.

A diferença de um tumor benigno para um maligno é que no primeiro caso o tumor não tem características agressivas e é constituído de uma massa bem localizada, formada por células que se multiplicam de forma mais lenta do que as células malignas. As células benignas que se originam pela multiplicação celular natural são iguais às células normais do tecido original, não invadem os tecidos nem órgãos vizinhos, não causam metástases e raramente oferecem risco de vida. Ao contrário, o tumor maligno não respeita os limites do órgão no qual se originou e suas células são muito modificadas em sua estrutura, o que facilita o diagnóstico diferencial histopatológico.

Há diferentes tipos de câncer, que correspondem aos vários tipos de células das diferentes partes do corpo.

Os fatores ambientais são responsáveis por 80% a 90% dos casos de câncer. Alguns desses fatores são bem conhecidos: o cigarro pode causar câncer de pulmão, a exposição excessiva aos raios solares pode causar câncer de pele e alguns vírus podem causar leucemia. Muitos fatores ainda estão sendo estudados, como a ação cancerígena de alguns componentes dos alimentos que ingerimos, e outros ainda são inteiramente desconhecidos.

O processo normal de envelhecimento causa alterações nas células que as tornam mais suscetíveis a transformações malignas. A isso, soma-se o fato de as pessoas idosas não só ficarem mais tempo expostas aos fatores cancerígenos, como apresentarem uma diminuição da capacidade funcional do sistema imunológico, que decresce com a idade, o que explicaria em parte o porquê de o câncer ter sua maior incidência em pessoas com mais idade.

Os fatores de risco ambientais do câncer alteram o DNA das células e modificam o seu desenvolvimento. Está provado que o surgimento do câncer depende da intensidade e da duração da exposição das células aos agentes causadores da doença. Por exemplo, o risco de uma pessoa desenvolver câncer de pulmão é diretamente proporcional ao número de cigarros que ela fuma por dia e ao número de anos que ela vem fumando, assim como o câncer de pele também é diretamente proporcional à intensidade das radiações solares e da freqüência, duração e tempo decorrido de exposições.

Muitos alimentos têm sido relacionados com o processo de desenvolvimento do câncer, principalmente de mama, cólon (intestino grosso) e reto, próstata, esôfago e estômago. Isso porque alguns alimentos contêm níveis significativos de substâncias cancerígenas. Por exemplo, os nitritos usados para conservar picles, salsichas e também presentes em certos enlatados se transformam no estômago em nitrosaminas, que têm forte ação carcinogênica, e são responsáveis pelo aparecimento de câncer de estômago observado em populações que consomem alimentos desse tipo de forma abundante e freqüente. Os alimentos defumados e até os churrascos são impregnados pelo alcatrão proveniente da fumaça e do carvão, que é uma substância sabidamente cancerígena. Os alimentos preservados em sal, como a carne-de-sol, o charque e os peixes salgados, também estão relacionados ao desenvolvimento de câncer de estômago em regiões onde é alto o consumo desses produtos. Alimentos ricos em gorduras (carnes vermelhas, frituras, molhos com maionese, creme de leite, leite integral e derivados, bacon, toucinho, presunto, salaminho, salsichas etc.), se consumidos regularmente durante longos períodos, também parecem criar no organismo um ambiente propício ao desenvolvimento da célula cancerosa.

Por outro lado, todos os trabalhos científicos têm demonstrado que existe uma relação entre o aumento do consumo de frutas frescas e vegetais e a menor incidência de cânceres como os da boca, do esôfago, do estômago e do pulmão. A vitamina A parece proteger contra o câncer da boca, da faringe, da laringe e do pulmão; e os estudos também apontam que a ingestão de vitamina E contribui para a redução do risco de se desenvolver o câncer. Os alimentos ricos em sulfarofanos, como couve, repolho, brócolis, couve-flor, couve-de-bruxelas, alho e chá verde, têm sido estudados na prevenção do câncer e parece que de fato podem inibir a formação de tumores.

Há significativa relação entre o excesso de álcool e o câncer. O consumo abusivo de álcool pode aumentar a incidência de cânceres de boca e do esôfago. Alguns estudos mostram que a ingestão regular de álcool pelas mulheres pode gerar um aumento relativo do risco de câncer de mama.

A promiscuidade sexual, a falta de higiene e a precocidade do início da vida sexual (antes dos 18 anos), bem como a variedade de parceiros, estão relacionado ao maior risco de câncer do colo uterino. A propagação de agentes sexualmente transmissíveis pode causar câncer, como o herpes-vírus tipo II, o papilomavírus humano (HPV) – relacionados ao câncer de útero – e o vírus de hepatite B, relacionado ao câncer de fígado.

Os hormônios estrogênicos conjugados, empregados no tratamento dos sintomas da menopausa e prescritos para reposição hormonal, podem ocasionar maior ocorrência de câncer do endométrio, do útero e de mama. O uso prolongado de contraceptivos antes da primeira gravidez foi relacionado, em alguns trabalhos de pesquisa, com maior incidência de câncer de mama. Grande número de substâncias químicas usadas na indústria constituem um fator de risco de câncer em trabalhadores de vários setores. Em média, três mil substâncias novas são introduzidas a cada ano nas indústrias, sem que os trabalhadores a elas expostos tenham consciência dos seus efeitos tóxicos.

As partes do corpo mais atingidas pelas radiações ionizantes são os glóbulos sanguíneos, particularmente o tecido que os forma (medula óssea), a pele, a tireóide, a mama e os ossos. Entre todas as radiações, a solar evidentemente é a que atinge o maior número de pessoas e constitui um grande perigo à saúde por causa das radiações ultravioletas. No Brasil, o câncer mais freqüente é o de pele, correspondendo a cerca de 25% de todos os tumores diagnosticados em todas as regiões geográficas. Os raios ultravioleta são carcinogênicos e a sua incidência em nossa atmosfera tem aumentado a cada dia por causa da progressiva destruição da camada de ozônio. Em circunstâncias normais, as crianças se expõem ao sol três vezes mais que os adultos. Alguns estudos indicam que a exposição cumulativa e excessiva durante os primeiros dez a vinte anos de vida aumenta muito o risco de câncer de pele, mostrando ser a infância um período em que a pele é mais vulnerável aos efeitos nocivos dos raios solares. Deve-se evitar a exposição ao sol sem proteção adequada. O horário das 10h às 16h é o período em que os raios UV são mais intensos.

Pelo menos 15% de todos os cânceres são conseqüência de alguma doença infecciosa crônica, sendo as mais importantes causadas pelos vírus da hepatite B e C — que podem causar câncer de fígado —, pelo papilomavírus — que pode originar o câncer do útero — e pela bactéria *Heliobacter pylori* não tratada, considerada uma das responsáveis pelo câncer de estômago.

O fator genético exerce um importante papel no aparecimento do câncer. Alguns tipos de câncer de mama, estômago e intestino parecem ter um forte componente familiar. Todavia, não se pode afastar a possibilidade de vários membros de uma família apresentarem câncer em decorrência de uma causa externa comum a todos, como no caso de residirem em locais próximos a usinas nucleares, sob o trajeto de rede de alta tensão – onde estão sendo "bombardeados" por raios ionizantes – ou por respirarem ar poluído – quando residem em áreas vizinhas a fábricas de tintas ou outras indústrias poluentes. Outro fator importante são os hábitos alimentares comuns a todos os membros da família.

No câncer de mama, o histórico familiar constitui um importante fator de risco, uma vez que incide em aproximadamente 10% quando existe histórico de incidência de câncer na mãe ou em uma irmã, se acometeu as duas mamas e se a doença surgiu antes da menopausa. Trabalhos recentes já identificaram o gene responsável pelo aparecimento do câncer de mama.

Detecção precoce é a maior arma contra o câncer. Nunca é demais lembrar a importância capital dos chamados preventivos. As formas mais eficazes para detecção precoce do câncer de mama são o auto-exame das mamas, o exame clínico, a ultra-sonografia e a mamografia de alta resolução. O auto-exame das mamas deve ser feito uma vez por mês e o melhor momento para fazê-lo é uma semana após a menstruação; para as mulheres após a menopausa, pode ser feito em qualquer dia do mês.

O câncer de colo do útero é o segundo mais comum entre as mulheres brasileiras, só sendo superado pelo de mama, e, caso não diagnosticado em fase inicial, progredirá com rapidez, ocasionando graves sintomas. O controle desse tipo de câncer é fácil e é feito com o conhecido exame preventivo. A sua realização periódica permite reduzir em 70% a mortalidade. O exame preventivo conhecido como Papanicolau é indolor, barato e eficaz. Toda mulher com vida sexual ativa, dos vinte aos sessenta anos de idade, deve submeter-se a exames preventivos periódicos.

Inicialmente o exame deve ser feito a cada ano. Para outros tipos de câncer pélvico o exame de ultra-sonografia tem grande valor.

Outro exame simples e de grande valor é a radiografia do tórax, que permite detectar o câncer de pulmão. O fumo é responsável por 90% dos casos desse tipo de câncer.

O câncer da próstata incide principalmente em homens com mais de cinqüenta anos. O aumento de sua incidência na população decorre da ignorância do assunto e também do preconceito contra o toque retal. Na maioria dos casos, o tumor apresenta crescimento lento; por esse motivo, o exame antígeno prostático específico (PSA) e a ultra-sonografia devem ser realizados, mesmo que não existam sintomas, para que o câncer possa ser detectado precocemente, oferecendo maiores chances de tratamento e cura. Homens com mais de quarenta anos devem submeter-se anualmente ao toque retal e à dosagem do PSA, principalmente se há histórico familiar de câncer de próstata.

O exame de retossigmodoscopia e a colonoscopia são importantes para a prevenção do câncer de cólon. Devem ser realizados em pessoas com mais de cinqüenta anos. A pesquisa de sangue oculto nas fezes é um exame simples e valioso na detecção de câncer intestinal.

De maneira geral, as pessoas devem ficar atentas a ferimentos que não cicatrizam, à mudança de aspecto de uma mancha de pele ou verruga, ao aparecimento de manchas esbranquiçadas nos lábios e na boca, ao crescimento rápido de algum caroço em qualquer parte do corpo, a ferimentos na boca causados por próteses dentárias mal-adaptadas, ao emagrecimento rápido e acentuado, ao aparecimento de ínguas, ao sangramento por qualquer orifício do corpo ou mesmo a uma rouquidão que persista por mais de duas semanas.

Para se ter uma idéia da importância de um diagnóstico precoce, vejamos na tabela a seguir a diferença dos índices de cura quando o câncer é detectado precocemente *versus* tardiamente.

Tipo de Câncer	Detecção Precoce	Detecção Tardia
Colo de útero	91%	9%
Cólon	93%	8%
Mama	97%	21%
Melanoma	95%	16%
Próstata	100%	31%

Adotar uma dieta alimentar saudável pode reduzir em pelo menos 40% as chances de se desenvolver um câncer. Recomenda-se ingerir mais frutas, legumes, cereais e menos carnes e alimentos gordurosos. A dieta deve conter todos os dias pelo menos 25 g de fibra e a quantidade de gordura não deve ultrapassar 20% do total de calorias ingeridas. Deve-se limitar a ingestão de bebidas alcoólicas. Os homens não deveriam tomar mais do que dois drinques por dia; já as mulheres só podem beber um drinque, em razão da maior suscetibilidade do sexo feminino ao álcool.

Não fumar é a medida mais importante para prevenir o câncer.

Deve-se também praticar algum tipo de atividade física durante a rotina diária, exercitando-se moderadamente, durante trinta a quarenta minutos, quatro a cinco vezes por semana.

Os oncologistas afirmam que os pacientes portadores de câncer que se alimentam bem e corretamente têm mais condições de reduzir os efeitos colaterais ocasionados pelas diversas terapias. Evidentemente não existem provas de que qualquer tipo de dieta ou alimento possa curar essa doença ou evitar sua recidiva. Também não há provas de que um determinado suplemento dietético possa curar o câncer. Entretanto, sabe-se que alguns alimentos que contêm antioxidantes podem evitar a oxidação celular, que favorece a degeneração tecidual.

Uma alimentação nutritiva e balanceada é sempre de fundamental importância para que o organismo se mantenha harmônico e funcione

doenças antipáticas

bem. Os pacientes que se alimentam melhor durante o tratamento têm mais capacidade de vencer a doença.

Quando não se ingere a quantidade necessária de um determinado nutriente, o organismo utiliza os nutrientes armazenados no corpo, que são a fonte de sua energia; e como resultado as defesas naturais se enfraquecem, debilitando o sistema imunológico. Uma boa medida é ingerir vários alimentos diferentes diariamente, porque nenhum alimento ou grupo de alimento tem todas as vitaminas e antioxidantes necessários.

Alimentação ideal

Alimentos indicados: frutas, verduras, legumes e cereais integrais contêm nutrientes, como vitaminas, fibras e outros compostos, que ajudam as defesas naturais do corpo a destruir os carcinógenos antes que eles causem sérios danos às células. Esses tipos de alimentos também podem bloquear ou reverter os estágios iniciais do processo de carcinogênese e, portanto, devem ser consumidos com freqüência e em grande quantidade. São ricos em vitaminas A, C e E e em fibras. Deve-se privilegiar o consumo de aveia, alho, cebola, cebolinha, berinjela, brócolis, repolho, couve, couve-flor, couve-de-bruxelas, rabanete, palmito, alcaparra, orégano, menta, pepino, salsa, açafrão, legumes vermelhos e amarelos (cenoura, abóbora, batata-baroa, tomate etc.), folhas em geral e frutas, como laranja, caju, acerola, mamão, melancia e outras.

Dicas para portadores de câncer:

Existem regras de alimentação saudável que só funcionam como fator protetor se forem adotadas regularmente, no decorrer de toda a vida:

• Aumentar a ingestão de proteínas, comendo mais ovos, queijos duros ralados em sopas ou em molhos, queijo cottage ou ricota misturados aos legumes ou em suflês;

• Utilizar leite em molhos brancos e nos purês;

• Utilizar frutas secas, nozes, sementes e germe de trigo como coberturas crocantes, salpicadas sobre os alimentos ou nas sobremesas;

• Ingerir como aperitivo aipo ou cebolinha crus;

• Ingerir carnes, peixes e todos os tipos de feijão, tofu e leguminosas em geral; e

• Consumir shiitake em quantidade significativa.

Receitas
Câncer

Entradas

Caviar de Berinjela com Compota de Tomate e Manjericão

Para o Caviar de Berinjela:
2 berinjelas grandes
1 dente de alho
1 colher de sopa de azeite
sal e pimenta-do-reino moída na hora

Para a Compota de Tomate e Manjericão:
120g de tomate fresco
suco de 1/2 limão-siciliano
4 folhas de manjericão picadas
1/2 cebola pequena picada
sal e pimenta-do-reino moída na hora

Utensílios Necessários:
espremedor de alho, travessa

Preparo do Caviar de Berinjela:
1. No forno aquecido, cozinhe as berinjelas inteiras por 45 minutos à temperatura de 220°C. Retire do forno e deixe esfriar.
2. Cozinhe o dente de alho em água fervente por 5 minutos. Escorra, esprema e reserve.
3. Corte as berinjelas em duas partes. Retire a polpa e amasse com um garfo.
4. Amasse outra vez o alho e misture com as berinjelas, o azeite, o sal e a pimenta. Mantenha na geladeira até a hora de usar.

Preparo da Compota de Tomate e Manjericão:
1. Retire a pele do tomate, imergindo em água fervente. Retire depois as sementes e pique-o.
2. Junte o suco do limão, o manjericão, a cebola, o sal e a pimenta.

Montagem:
Em uma travessa, faça quenelles ou pequenos bolinhos com a berinjela e decore com a compota de tomates e manjericão.

Sugestão de Acompanhamento:
Sirva sobre fatias de pão torrado e salada de folhas.

Vinho: Côtes du Rhône Belleruche – França – Importadora Mistral – Sommelière: Marlene Alves de Souza

Miniabóboras Rechedas de Queijo de Cabra Perfumado com Sálvia Fresca

2 miniabóboras brancas ou amarelas
sal a gosto
2 fatias de bacon
100g de queijo de cabra tipo boursin
2 colheres de sopa de iogurte integral
50g de arroz já cozido
4 folhas de sálvia fresca
2 colheres de azeite
folhas de sálvia, para decorar

Utensílios Necessários:
frigideira antiaderente, assadeira

Preparo:
1. Lave as abóboras, corte uma tampa na parte superior e retire as sementes.
2. Cozinhe-as em água fervente com sal por aproximadamente 5 minutos. Escorra e reserve.
3. Frite o bacon na frigideira sem gordura ou no microondas.
4. Num recipiente, amasse o queijo, junte o iogurte, o arroz, o bacon picado e a sálvia picada.
5. Recheie as abóboras e leve ao forno preaquecido em assadeira untada com azeite, por 10 minutos. Enfeite com folhas de sálvia e sirva quente.

Vinho: Matariki Sauvignon Blanc – Matariki Wines – Nova Zelândia (Ilha do Norte) – Expand Group Brasil – Sommelière: Marlene Alves de Souza

Creme de Pepino Gelado

2 pepinos bem firmes descascados e sem as sementes
20 galhinhos de ciboulette
4 colheres de sopa de azeite
sal e pimenta-do-reino a gosto
1 dente de alho
200ml de creme de leite fresco
croutons de ervas ou páprica doce, para decorar
gergelim torrado, para decorar (opcional)

Utensílios Necessários:
mixer, recipiente de vidro ou plástico, xícaras de café

Preparo:
1. Bata no mixer os pepinos, a ciboulette, o azeite, o sal, a pimenta e o dente de alho.
2. Junte o creme de leite e bata outra vez. Leve à geladeira em um recipiente de vidro ou de plástico.

Montagem:
Na hora de servir, coloque o creme de pepino em xícaras de café, enfeite com croutons de ervas ou páprica doce e gergelim torrado.

Terrine de Queijo de Cabra com Tomate Seco

300g de queijo de cabra fresco
250ml de creme de leite fresco
1 colher de sobremesa de azeite
1 pacote de gelatina em pó sem sabor
5 colheres de sopa de água
sal e pimenta-do-reino moída na hora a gosto
100g de tomate seco picado sem a pele
50g de azeitona preta picada
5 colheres de sopa de ciboulette fresca picada, para decorar

Utensílios Necessários:
forma, filme plástico

Preparo:
1. Amasse o queijo de cabra com o creme de leite e o azeite até obter um composto homogêneo.
2. Dissolva a gelatina na água e leve ao banho-maria até derreter. Junte a gelatina à mistura do queijo, que não deve estar gelada.
3. Corrija o sal e adicione a pimenta.
4. Forre uma forma com filme plástico. Coloque metade do queijo, alise e acrescente o tomate seco. Adicione o restante do queijo e por cima as azeitonas. Leve à geladeira por 4 horas.
5. Desenforme. Enfeite com a ciboulette picada.

Sugestão de Acompanhamento:
Torradinhas e salada verde.

doenças antipáticas

Pratos Principais

Couscous de Frango

500g de peito e coxa de frango
2 dentes de alho amassados
sal a gosto
suco de 1 limão verde
2 cebolas picadas
2 colheres de sopa de azeite
2 tomates sem pele e sem semente, cortados em cubos
1 galho de alecrim
1 galho de tomilho
1 colher de sobremesa de curry suave
2 colheres de sopa de manteiga
3 colheres de sopa de passas
200g de couscous importado
3 colheres de sopa de lâminas de amêndoas torradas, para decorar

Utensílio Necessário:
coador

Preparo:
1. Tempere o frango com o alho, o sal e o suco de limão. Deixe marinar por 2 horas.
2. Refogue a cebola no azeite. Junte o tomate e os temperos secos: alecrim, tomilho e curry.
3. Cubra o frango com água e cozinhe em fogo brando até amaciar.
4. Quando estiver cozido, retire-o e reserve o caldo.
5. Coe 1/4 de litro do caldo e coloque para ferver em uma panela. Junte a manteiga e as passas. Acrescente o couscous e mexa até engrossar. Deixe cozinhar por 5 minutos.

Montagem:
Sirva o couscous acompanhado dos pedaços do frango e o restante do caldo. Salpique as amêndoas por cima.

Vinho: Lídio Carraro Merlot "Grande Vindima" 2002 — 100% Merlot — Vale dos Vinhedos — Brasil — Sommelière: Patrícia Carraro

Bacalhau com Mix de Legumes Mediterrâneos

Para o Bacalhau:
2 postas de bacalhau já demolhado
1 cebola pequena ralada
50ml de azeite
manjericão, alecrim e tomilho, a gosto
1 xícara de leite (pode ser light)
1 xícara de creme de leite (pode ser light)

Para o Mix de Legumes:
1 cebola média
1/2 colher de sopa de azeite
1 pimentão vermelho cortado em cubinhos de 1cm x 1cm
1 pimentão amarelo cortado em cubinhos de 1cm x 1cm
1 berinjela cortada em cubinhos de 1cm x 1cm
1 tomate cortado em cubinhos de 1cm x 1cm
1 abobrinha cortada em cubinhos de 1cm x 1cm
10 azeitonas pretas
1 colher de sopa de alcaparras
1 colher de sopa de orégano
sal a gosto

Utensílio Necessário:
travessa

Preparo do Bacalhau:
1. Em uma panela, cubra o bacalhau com água e leve para ferver até ficar macio. Reserve.
2. Numa outra panela, doure a cebola no azeite e acrescente as ervas. Junte o leite e o creme de leite e ferva.
3. Adicione o bacalhau. Deixe esquentar bem.

Preparo do Mix de Legumes:

1. Doure a cebola no azeite. Depois coloque os legumes. Deixe cozinhar em fogo baixo por 10 minutos.
2. Ao final, junte as azeitonas, as alcaparras e o orégano.
3. Corrija o sal. Reserve.

Montagem:

No fundo de uma travessa, coloque o mix de legumes. Por cima, disponha o bacalhau bem quente com o creme. Sirva a seguir.

Vinho: Lídio Carraro Assemblage "Grande Vindima" 2002 – Corte 40% Merlot, 25% Cabernet Sauvignon, 25% Cabernet Franc e 10% Tannat – Vale dos Vinhedos – Brasil – Sommelière: Patrícia Carraro

doenças antipáticas

Truta Recheada

100g de Ráris (industrializado – 7 cereais)
2 colheres de sopa de azeite
sal e pimenta-do-reino a gosto
2 trutas grandes, limpas, abertas e sem a espinha dorsal
1/2 ramo de hortelã fresca picada
50g de nozes picadas, para decorar
manteiga suficiente para untar

Utensílios Necessários:
assadeira refratária, papel-alumínio

Preparo:
1. Prepare o Ráris de acordo com as instruções da embalagem.
2. Em um recipiente, misture o azeite, o sal e a pimenta. Passe a mistura dentro das trutas.
3. Misture a hortelã no Ráris já cozido, junte as nozes e recheie o peixe. Dobre uma metade sobre a outra.
4. Arrume as trutas em uma assadeira refratária que possa ir à mesa. Leve-a untada com manteiga ao forno médio por 15 a 20 minutos, coberta com papel-alumínio para as trutas não ressecarem.
5. Retire do forno e passe um pouquinho de azeite sobre a pele da truta para dar brilho. Enfeite com algumas nozes. Sirva a seguir.

Vinho: *Châteauneuf Le Bernardine – M.Chapoutier – França (Rhône) – Mistral Importadora – Sommelière: Marlene Alves de Souza*

Filés de Trilha e Favas

250g de favas verdes secas
sal a gosto
2 dentes de alho grandes amassados
4 colheres de sopa de azeite
4 filés de trilha
pimenta-do-reino a gosto
2 colheres de sopa de manteiga sem sal
1/2 baguete fresca, cortada em fatias de 1cm de largura
2 colheres de sopa de tapenade
2 colheres de sopa de molho pesto (ver DICAS)
1 colher de sopa de salsinha picada, para decorar

Utensílios Necessários:
frigideira antiaderente, assadeira, travessa

Dica:
O tapenade é encontrado já industrializado em boas lojas.

Preparo:
1. Deixe as favas de molho por 3 horas. Cozinhe em água fervente com sal. Escorra. Esfrie em água gelada e depois retire a pele.
2. Doure o alho em 1 colher de azeite.
3. Junte as favas e misture bem. Corrija o sal. Mantenha quente.
4. Salpique os filés de trilha com sal e pimenta e leve-os para dourar em uma frigideira com 1 colher de manteiga e 1 colher de azeite. Doure ambos os lados por aproximadamente 4 minutos.

Montagem:
Numa assadeira doure as fatias da baguete com o restante da manteiga e de azeite; depois espalhe sobre elas a tapenade. Numa travessa, coloque as favas e depois as fatias de pão bem juntinhas. Arrume os

filés de trilha sobre as fatias de pão, e por cima de cada filé coloque um pouquinho de molho pesto. Enfeite com salsinha. Sirva quente.

Vinho: *Dão Encruzado Branco – Quinta dos Roques – Portugal – Importadora Decanter / Espírito do Vinho – Sommelière: Marlene Alves de Souza*

Costeletas de Cordeiro com Purê de Grão-de-Bico

150g de grão-de-bico seco
grãos de cominho a gosto
1 colher de sopa de azeitonas pretas sem caroço, picadas
2 colheres de sopa rasa de purê de gergelim ou pasta de amendoim
1 dente de alho amassado
sal e pimenta-do-reino a gosto
2 colheres de sopa de azeite
2 colheres de sopa de suco de limão-siciliano
4 costeletas de cordeiro

Utensílios Necessários:
escorredor, frigideira antiaderente, mixer

Preparo:
1. Deixe o grão-de-bico de molho por 8 horas. Escorra e cozinhe por 45 minutos, sem salgar a água. Escorra novamente o grão-de-bico e reserve a água do cozimento.
2. Grelhe os grãos de cominho por uns 2 minutos em frigideira. Passe os grãos no mixer e deixe esfriar.
3. Adicione a azeitona, o purê de gergelim e o alho.
4. Corrija o sal e a pimenta. Misture tudo muito bem.
5. Para ficar mais leve, vá acrescentando a esse purê a água do cozimento, o azeite e o suco de limão até obter consistência agradável e leve.
6. Salpique o cominho por cima do purê e mantenha em lugar quente. Grelhe as costeletas e sirva com o purê quente.

Vinho: Spyce Route Flagship – Merlot – África do Sul – Expand – Sommelière: Marlene Alves de Souza

Timbalo de Talharim

50g de cogumelos secos lavados e demolhados
4 colheres de sopa de óleo de soja
1 dente de alho amassado
4 colheres de sopa de óleo de soja
250g de talharim seco
2 ovos
100g de creme de leite
1 pitada de noz-moscada
1 colher de sopa de manteiga derretida
1 xícara de queijo parmesão ralado
sal e pimenta-do-reino moída na hora a gosto
2 colheres de sopa de manteiga amolecida
100g de presunto cozido cortado em cubinhos de 0,5cm
farinha de rosca suficiente para enfarinhar a forma

Utensílios Necessários:
coador, batedeira ou batedor manual, forma refratária

Preparo:
1. Refogue os cogumelos com o óleo e o alho.
2. Junte aos poucos a água coada em que os cogumelos foram hidratados. Deixe cozinhar por 25 minutos. Depois de cozidos, pique-os.
3. Cozinhe o talharim al dente.
4. Bata os ovos com o creme de leite. Acrescente a noz-moscada.
5. Num recipiente, misture os ovos com a manteiga derretida e 1/2 xícara de parmesão ralado. Corrija o sal e a pimenta.
6. Com esse molho, tempere o macarrão cozido.

Montagem:
Unte e enfarinhe uma forma refratária. Cubra o fundo da forma com metade do talharim. Sobre essa camada, coloque o cogumelo e sobre ele o presunto e bastante parmesão ralado. Cubra com a outra metade do talharim, sobre ele pequenos pedacinhos de manteiga e mais parmesão. Leve ao forno para dourar.

Vinho: Engelbrecht Els (Stellenbosch) Guardian Peak – Merlot – Importadora Mistral – Sommelière: Marlene Alves de Souza

Acompanhamentos

Salada Verde com Vinagrete de Limão-Siciliano

Para a Salada:

4 folhas inteiras de alface-francesa
4 folhas de chicória frisée
4 folhas de lollo rosa
4 folhas de alface-americana
4 folhas de chicória
raminhos de agrião
10g de pinoli

Para o Vinagrete de Limão-Siciliano:

50ml de azeite
1 colher de sopa de suco de limão-siciliano
1 colher de sopa de ciboulette fresca picada
1 colher de sopa de tomilho fresco picado
sal e pimenta-do-reino moída na hora a gosto

Utensílios Necessários:

saladeira, frigideira antiaderente

Preparo da Salada:

1. Lave bem todas as folhas. Desinfete e enxugue. Coloque na saladeira.
2. Torre ligeiramente os pinolis na frigideira.
3. Tempere as folhas com o vinagrete e salpique os pinolis por cima.

Preparo do Vinagrete de Limão-Siciliano:

Misture o azeite ao suco de limão, ciboulette, tomilho, sal e pimenta.

doenças antipáticas

Purê de Grão-de-Bico

100g de grão-de-bico
2 batatas médias descascadas e cortadas em pedaços médios
1 cebola média
2 talos de aipo
1 folha de louro
sal a gosto
3 colheres de sopa de azeite
pimenta-do-reino moída na hora a gosto
salsinha picada para decorar

Utensílios Necessários:
escorredor, triturador

Preparo:
1. Deixe o grão-de-bico de molho por 4 horas. Escorra.
2. Numa panela, coloque o grão-de-bico, as batatas, a cebola, o aipo, o louro e o sal. Cubra com água e leve para ferver por aproximadamente 1 hora em fogo baixo com a panela tampada. Se for necessário, acrescente mais água ao cozimento. Escorra.
3. Passe pelo triturador até formar uma mistura homogênea. Se necessário, acrescente água do cozimento para ficar cremoso, mas não mole. Tempere com pimenta.
4. Aqueça e sirva em seguida regado com o azeite. Se desejar, enfeite com salsinha picada.

Sobremesas

Abacaxi ao Mel de Alecrim

1 abacaxi pequeno sem casca
50ml de mel
grãozinhos de 1 fava de baunilha
1 pitada de pimenta-do-reino
1 ramo de alecrim picado, para decorar

Utensílio Necessário:
frigideira

Preparo:
1. Descasque o abacaxi, retire a parte central e corte em fatias de 2cm.
2. Numa frigideira, aqueça o mel por 1 minuto.
3. Junte as fatias de abacaxi e os grãozinhos de baunilha. Deixe caramelizar. Adicione a pimenta. Deixe esfriar.

Montagem:
Enfeite as rodelas do abacaxi com o alecrim e o molho do mel.

Sugestão de Acompanhamento:
Sorvete de creme, iogurte ou sorvete de queijo mascarpone.

Musse de Peras com Zabaione de Chocolate

Para o Suco de Peras:
300g de peras maduras descascadas
100ml de vinho branco seco
50g de açúcar

Para a Musse:
2 gemas
50g de açúcar
12g de gelatina em pó sem sabor
5 colheres de sopa de água
150ml do suco de peras
150ml de creme de leite fresco batido
2 colheres de sopa de rum (opcional)

Para o Zabaione:
2 gemas
60g de açúcar
1 colher de sopa de cacau em pó
3 colheres de sopa de licor de cacau

Utensílios Necessários:
liquidificador, peneira, batedeira

Para Decorar:
folhinhas de hortelã
fatias de pêra crua
canela em pó

Preparo do Suco de Peras:
1. Leve ao fogo as peras cortadas, o vinho e o açúcar. Deixe cozinhar em fogo baixo por 10 minutos aproximadamente.
2. Passe no liquidificador e na peneira. Reserve.

Preparo da Musse:
1. Bata as gemas com o açúcar.
2. Dissolva a gelatina com a água e leve ao banho-maria até desmanchar completamente.
3. Aqueça ligeiramente o suco de peras e acrescente a gelatina. Misture bem.
4. Junte as gemas batidas e o suco de peras com a gelatina. Misture-os bem.
5. Junte delicadamente o creme de leite e o rum. Coloque num recipiente e leve à geladeira para endurecer.

Preparo do Zabaione:
1. Bata as gemas com o açúcar em um recipiente que possa ir ao banho-maria. Não deixe ferver a água.
2. Mantenha o fogo baixo enquanto bate as gemas e o açúcar até formar um creme grosso, como uma gemada.
3. Junte o cacau em pó misturado ao licor de cacau. Bata até misturar tudo. Retire do fogo.

Montagem:
Na hora de servir, coloque uma colherada de zabaione no fundo do prato, depois uma colherada de musse. Enfeite com fatias de pêra crua se desejar. Decore com folhinhas de hortelã e polvilhe um pouquinho de canela em pó.

Anemias Carenciais

As anemias aparecem quando há uma diminuição da quantidade de hemoglobina no sangue e quando o número de glóbulos vermelhos é menor do que a taxa normal.

Esse fato é facilmente verificado com um exame de sangue chamado hemograma completo, que mostra o número de glóbulos vermelhos, a quantidade de hemoglobina e os níveis do hematócrito – também chamado de volume globular –, que representam o percentual do número de hemácias em relação ao plasma, ou seja, a parte líquida do sangue.

No nosso organismo, a hemoglobina, que se encontra dentro dos glóbulos vermelhos, exerce um papel fundamental, pois é ela a responsável pelo transporte do oxigênio dos pulmões para todos os tecidos – o que é essencial para a nutrição celular – e pela retirada do gás carbônico dos tecidos para ser eliminado pelos pulmões.

Os principais componentes da hemoglobina são o ferro e as cadeias protéicas, denominadas globinas. Portanto, para a formação da hemoglobina é necessário que o organismo disponha do elemento mineral ferro e de proteínas. Para que essas proteínas sejam sintetizadas, há necessidade principalmente da vitamina B12 e de um outro tipo de vitamina: o ácido fólico.

Os glóbulos vermelhos – também denominados hemácias ou eritrócitos – são produzidos na medula óssea, tanto nas crianças quanto nos adultos, e têm uma vida estimada em cerca de 120 dias. O nosso organismo procura de diversas maneiras manter um nível constante de glóbulos vermelhos e de hemoglobina no sangue circulante para permitir que todas as funções do organismo sejam realizadas de forma adequada.

Quando o equilíbrio entre a produção e a destruição de glóbulos vermelhos se rompe, pode surgir a anemia. Em certos casos, menos comuns, uma situação oposta pode acontecer, quando a produção de glóbulos vermelhos está aumentada em relação à sua destruição e aparecem as chamadas poliglobulias, que representam o quadro inverso ao das anemias.

As anemias surgem não só quando a produção dos glóbulos vermelhos está diminuída, mas também quando há uma acelerada destruição desses glóbulos.

Na maioria das anemias, a produção de glóbulos vermelhos pode estar prejudicada ou a sua destruição se processa de forma excessiva, ultrapassando a quantidade diária natural em decorrência do envelhecimento das hemácias. Outra causa de anemia são as perdas sanguíneas, que podem ocorrer de forma aguda, como nos acidentes com ferimentos graves e nos casos de vômitos de sangue pelo rompimento de vaso sanguíneo no estômago, quando uma grande quantidade de sangue é rapidamente perdida. Também pode surgir anemia quando existir uma pequena hemorragia, porém freqüente, que, de forma insidiosa e crônica, provoca uma perda significativa de sangue. É o caso de hemorróidas que sangram com freqüência, ou perda de sangue nas fezes em decorrência de outras lesões no estômago ou nos intestinos. Nas mulheres, as perdas menstruais volumosas em razão de alterações hormonais ou da presença de miomas também podem causar anemia.

Essas perdas crônicas de sangue ocasionam uma diminuição do ferro no organismo. Sabe-se que a quantidade de ferro contida em 2 ml de sangue é de aproximadamente 1 mg, o que nos permite avaliar a quantidade de ferro que se perde em uma hemorragia.

doenças antipáticas

Nas anemias classificadas como carenciais, o aspecto mais importante é a diminuição no organismo dos elementos essenciais para a formação da hemoglobina. Os elementos considerados mais importantes e que não se encontram disponíveis no corpo são: o ferro, a vitamina B12 e o ácido fólico.

Ao se considerar a existência de uma anemia carencial por deficiência de ferro, vitamina B12 ou de ácido fólico ou mais de um desses elementos, devemos analisar em primeiro lugar se a substância que está faltando é decorrente de uma ingestão insuficiente. É o caso das pessoas que passam fome em virtude de problemas socioeconômicos ou daquelas que se submetem às chamadas dietas de fome, extremamente restritivas, que de forma voluntária e por falta de conhecimento e de orientação as adotam, ou mesmo de forma involuntária, por circunstâncias da vida. Outra forma de carência desses elementos importantes se dá quando, apesar de ingerir a substância, ela não é absorvida adequadamente pelo organismo, como no caso das chamadas síndromes disabsortivas ou síndrome de má absorção. Há ainda situações em que, mesmo absorvida, a substância ingerida não é aproveitada, como acontece na presença de doenças inflamatórias ou infecciosas. Finalmente, ainda que a ingestão, a absorção e o aproveitamento da substância estejam perfeitos, pode existir falta do ferro no organismo em um momento em que o corpo aumenta suas necessidades desse mineral, como ocorre na fase de crescimento e na gravidez, quando o organismo da mãe está formando e alimentando um outro ser.

As anemias também são classificadas pelo aspecto dos glóbulos vermelhos. Em algumas, os glóbulos vermelhos estão aumentados de tamanho, são as chamadas anemias macrocíticas. Se o tamanho dos glóbulos é normal, são denominadas normocíticas e, por fim, existem aquelas nas quais o tamanho dos glóbulos vermelhos está diminuído, chamadas de microcíticas.

Outro aspecto a ser observado é a cor dos glóbulos vermelhos, que depende da quantidade de hemoglobina. Existem anemias normocrômicas, quando a cor dos glóbulos vermelhos é normal; e no caso em que a coloração fica esmaecida é sinal de menor quantidade de hemoglobina, que são as chamadas anemias hipocrômicas. O índice laboratorial que analisa a quantidade de hemoglobina no interior dos glóbulos vermelhos é a concentração de hemoglobina globular média (CHGM).

As anemias por carência de ferro são as mais comuns. Elas podem ser, a princípio, anemias normocrômicas, e à medida que a carência se acentua passam a ser anemias hipocrômicas.

O ferro é considerado de tal importância pelo próprio organismo que a quantidade que se tem quando se morre é a mesma que se tinha ao nascer. Apesar de a perda de ferro diária ser de cerca de 1 mg em razão da descamação epitelial – e no caso das mulheres, por causa da menstruação, ainda existir uma perda adicional de 25 mg de ferro mensalmente –, o organismo compensa essas perdas com diversos mecanismos. Ele, por exemplo, aproveita a quantidade de ferro contida nos glóbulos vermelhos senescentes, que são destruídos diariamente, e que correspondem a 20 mg a 25 mg. Por isso, as necessidades de ingestão de ferro em pessoas normais são relativamente pequenas, entre 0,5 mg/dia a 3,5 mg/dia, a não ser nas grávidas, quando as necessidades aumentam para 2 mg/dia a 3,5 mg/dia. Nas crianças e na adolescência há maior necessidade de ingestão de ferro. Portanto, as anemias aparecem com maior freqüência na primeira infância, na adolescência, na gravidez e na lactação.

As principais causas de anemia por carência de ferro, as chamadas anemias ferroprivas, são as dietas pobres em ferro (falta de verduras, frutas e carnes), as dificuldades de absorção de ferro alimentar e as perdas excessivas desse elemento.

doenças antipáticas

As pessoas com anemia podem apresentar a síndrome anêmica, na qual são observadas, além da palidez, alterações da pele, dos cabelos, das unhas, no aparelho digestivo e no sistema cardiovascular. São muito conhecidas as queixas do anêmico de cansaço fácil, falta de ar, fadiga, astenia e desânimo.

Uma dieta adequada para prevenção e tratamento das anemias deve conter: carnes vermelhas pouco assadas, ovos, peixe branco, frutas e verduras ricas em ferro (espinafre, alho, lentilha, couve, alface etc.).

As necessidades diárias de vitamina B12 são em torno de 1 mcg. A vitamina B12 é armazenada no fígado e é encontrada no músculo e fígado de boi ou vitela, e também no rim, no cérebro, na gema do ovo, nas leveduras e no espinafre.

O ácido fólico está amplamente distribuído na natureza, principalmente nas folhas das verduras e no fígado de animais. As necessidades diárias do ser humano são de 50 mg. Ele também é armazenado no fígado.

Há uma inter-relação metabólica entre ácido fólico e vitamina B12, e não se deve ministrar ácido fólico sem a concomitante associação com a substância B12, para que se evite o aparecimento de lesões neurológicas. Caso não seja obedecida essa associação, seriam somente corrigidas as alterações hematológicas e das mucosas e não as do sistema nervoso, que poderiam até ser acentuadas.

As anemias por carência de vitamina B12 podem surgir principalmente em razão de dietas inadequadas: na infância, por causa do uso exclusivo de leite de cabra, e nos adultos, quando adotam a dieta vegetariana estrita.

Alimentação ideal

Alimentos ricos em ferro: bife, costela assada ou cozida, marisco, bife de fígado, língua, coração, peru, sardinha, ostra crua, feijão, feijão-branco, lentilha, ervilha seca, fubá, feijão-de-soja, farinha de soja, castanha-do-pará, noz-pecã, aveia, amêndoa, avelã, alcachofra, espinafre, couve, beterraba, nabo, arroz marrom, ameixa seca, pêssego seco, açúcar mascavo, damasco seco, tâmara, cacau, chocolate amargo e pão integral.

Alimentos ricos em ácido fólico: aspargos em conserva, alface, brócolis, chuchu, couve-flor, quiabo, ervilha, aveia, germe de trigo, queijo prato, requeijão cremoso, ricota, abacate, laranja, tangerina, pêra, amendoim, amêndoa, avelã e castanha-de-caju.

Sucos que podem ser tomados pela manhã:

• Ameixas secas sem caroço (4 a 5), 100 ml de suco de laranja-pêra, 2 colheres de sobremesa de iogurte natural, 1 colher de sobremesa de chocolate (opcional) e 1 colher de sobremesa de granola.

• Damascos secos (4 a 5) cozidos em água e escorridos, 100 ml de suco de laranja-lima e 1 colher de sobremesa de mel.

Anemias Carenciais

Entradas

Crostini com Salada de Lentilha

200g de lentilha
1 cebola pequena
1 dente de alho
1 folha de louro
1/2 pimenta-dedo-de-moça seca
50g de azeitona verde sem caroço picada
1 talo de aipo sem os fios picado fino
1 cebolinha lavada e cortada bem fininha
1/4 de xícara de azeite
1 colher de sopa de vinagre de vinho tinto
sal e pimenta-do-reino a gosto
24 fatias de pão integral ou sete grãos torradas

Utensílios Necessários:
escorredor, garfo ou espremedor de batatas, assadeira

Preparo:
1. Numa panela, coloque as lentilhas e cubra com água. As lentilhas podem ser substituídas por soja. Se usar soja, deixe os feijões de molho por uma noite.
2. Junte a cebola, o alho, o louro e a pimenta. Leve para ferver até que as lentilhas estejam cozidas. Não deixe cozinhar demais, pois desmancham. Escorra, mas reserve 1/4 de xícara do líquido do cozimento.
3. Num recipiente, amasse 1 xícara de lentilha com um garfo ou espremedor de batatas. Junte o purê e as lentilhas inteiras.
4. Adicione as azeitonas, o aipo, a cebolinha, o azeite e o vinagre.
5. Tempere com sal e pimenta e depois acrescente o líquido reservado do cozimento.

Montagem:
Disponha as fatias de pão numa assadeira e, por cima, a salada de lentilhas. Leve ao forno por 8 minutos. Sirva regado com azeite (opcional).

Vinho: Palazzo Della Torre tinto – Itália (Veneto) – Expand Group Brasil – Sommelière: Marlene Alves de Souza

Salada Verde com Macadâmia

2 colheres de sopa de iogurte natural
1 colher de sopa de vinagre de arroz
1 colher de sopa de molho shoyu
1 colher de chá de gengibre fresco ralado
1 colher de sopa de óleo de gergelim
1 colher de chá de mel
1 dente de alho amassado
1/4 de xícara de azeite
sal e pimenta-do-reino a gosto
1/2 xícara de macadâmias picadas
3 xícaras de folhas verdes mistas de sua preferência, lavadas e bem escorridas
50g de cogumelo enoki, limpos e separados
1 colher de sopa de semente de gergelim torrada

Utensílios Necessários:
liquidificador, frigideira, saladeira

Dica: Caso não seja encontrado o cogumelo enoki, use o shimeji, tirando a parte inferior do talo.

Preparo:
1. Bata no liquidificador o iogurte, o vinagre, o shoyu, o gengibre, o óleo de gergelim, o mel e o alho. Ainda batendo, junte o azeite. Transfira para um recipiente e tempere com sal e pimenta.
2. Numa frigideira, toste as macadâmias até ficarem douradas (4 a 5 minutos). Deixe esfriar.
3. Lave e escorra bem as folhas verdes. Limpe e separe os cogumelos.

Montagem:
Numa saladeira, coloque as folhas verdes, junte os cogumelos crus e misture bem. Adicione o molho e misture para que todas as folhas

fiquem bem temperadas. Por cima, coloque as macadâmias e as sementes de gergelim. Sirva a seguir.

Vinho: Nardi Pinot Grigio del Veneto I.G.T – Vinícola Perlage – Itália (Veneto) – Importadora Marimpex – Sommelier: Marcelo Celutano

Pratos Principais

Fondue de Carne

Para o Caldo:
7 xícaras de caldo de frango sem gordura
1 pedaço de gengibre de 3cm, sem casca, cortado em 3
4 dentes de alho amassados
8 cebolinhas verdes cortadas 12cm a partir da raiz
2 colheres de sopa de molho de soja
1 repolho pequeno cortado bem fino
6 cenouras cortadas bem fininhas
200g de shiitake sem os talos cortados em fatias
300g de filé-mignon limpo inteiro
150g de ervilha da Mônica fresca sem os fios

Para o Molho:
1 xícara de iogurte desnatado
1 colher de café de wasabi
1 colher de sopa de ciboulette picada
1/2 colher de sobremesa de mostarda em pó
1 colher de café de açúcar
sal e pimenta-do-reino moída na hora a gosto (opcional)

Utensílios Necessários:
coador, escumadeira, prato grande, panela de fondue

Preparo do Caldo:
1. Numa panela, junte o caldo de frango, o gengibre, o alho, a cebolinha e o molho de soja. Deixe ferver por 20 minutos. Coe e reserve o líquido.
2. Volte com o caldo para a panela. Quando estiver fervendo, adicione o repolho. Deixe cozinhar 2 minutos e retire com a escumadeira. Reserve.
3. Faça o mesmo com a cenoura, depois com o shiitake.

doenças antipáticas

4. Arrume em um prato grande os vegetais separados.

5. Afervente as ervilhas em água e sal por 30 segundos.

6. Deixe o pedaço de filé-mignon no freezer por uns 30 minutos até começar a endurecer. Corte fatias finas no sentido vertical. Arrume delicadamente em outro prato e decore com as ervilhas.

7. Encha a panela de fondue com o caldo, acenda o fogo e deixe ferver. Cada pessoa cozinha sua fatia de carne e depois junta aos vegetais, completando com o molho.

Preparo do Molho:

Misture o iogurte, o wasabi, a ciboulette, a mostarda e o açúcar. Se ficar muito denso, coloque um pouquinho de água. Tempere com sal e pimenta.

Vinho: *Nardi Merlot Piave D.O.C — Vinícola Perlage — Itália — Importadora Marimpex — Sommelier: Marcelo Celutano*

Talharim Primavera Verde

2 colheres de sopa de azeite
2 colheres de sopa de manjericão fresco
2 buquês de couve-flor cozidos al dente (somente as flores)
2 buquês de brócolis cozidos al dente (somente as flores)
1 lata pequena de ervilha escorrida e lavada
100g de aspargos em conserva, lavados, escorridos e cortados em pedaços de 2cm
250g de talharim seco
2 litros de água
sal a gosto
1/2 xícara de requeijão cremoso
50g de manteiga sem sal
3 a 4 colheres de sopa de leite ou água (se necessário)
2 colheres de sopa de queijo parmesão ralado de boa qualidade
2 colheres de sopa de casca de laranja ralada

Utensílio Necessário:
escorredor de macarrão

Preparo:
1. Numa panela, coloque o azeite e o manjericão. Quando estiver quente, junte a couve-flor e o brócolis. Mexa e depois junte a ervilha e os aspargos. Retire do fogo, não mexa e reserve.
2. Cozinhe o macarrão na água fervente com sal. Deixe al dente. Escorra e volte com o macarrão para a mesma panela do cozimento. Junte o requeijão e a manteiga e, se necessário, junte leite ou água, que pode ser a do cozimento da massa.
3. Misture bem e acrescente os vegetais. Torne a misturar tudo com cuidado para não desmanchar os vegetais. Esse processo deve ser feito em fogo baixo. Sirva a seguir com queijo parmesão e a casca de laranja salpicada por cima.

Vinho: Château Cabezac – Minervois – França (Minervois) – Expand Group Brasil – Sommelière: Marlene Alves de Souza

doenças antipáticas

Vôngole com Couscous

1/2 de xícara de azeite
1 dente de alho picado
3 tomates secos sem a casca, cortados em tiras bem finas
4 colheres de sopa de salsinha bem picada
2 dúzias de vôngoles bem lavados e escorridos (só compre conchas fechadas)
1/2 xícara de vinho branco seco
sal a gosto
1 pitada de pimenta-do-reino
2 xícaras de caldo de frango
1/2 xícara de couscous

Utensílios Necessários:
travessa, coador

Preparo:
1. Numa panela, coloque o azeite, o alho, o tomate seco e 2 colheres de salsinha. Frite até o alho começar a amolecer.
2. Acrescente os vôngoles, tampe a panela e cozinhe em fogo baixo por 3 minutos.
3. Junte mais 1 colher de salsinha e o vinho. Tempere com sal e pimenta.
4. Deixe abrir as conchas. Transfira-as para uma travessa. Coe o líquido do cozimento dentro de outra panela.
5. Junte o caldo de frango, corrija o sal e ferva.
6. Adicione aos poucos o couscous mexendo sempre. Tampe e deixe amolecer em fogo baixo. Quando estiver cozido, junte os vôngoles. Misture bem e sirva enfeitando com o restante da salsinha.

Vinho: Nardi Pinot Grigio del Veneto I.G.T – Vinícola Perlage – Itália (Veneto) – Importadora Marimpex – Sommelier: Marcelo Celutano

Perna de Carneiro Assada em Crosta de Sementes de Coentro

1/2 xícara de sementes de coentro torradas
1 perna de carneiro desossada, enrolada e amarrada
1/2 xícara de vinho branco seco
1/2 xícara de azeite
sal marinho a gosto
1/2 xícara de folhas de alecrim fresco picadas

Utensílios Necessários:
liquidificador ou moedor de café, assadeira

Dica: A carne pode ser guardada e usada outras vezes, como para sanduíches.

Preparo:
1. No liquidificador ou no moedor de café, triture as sementes de coentro torradas.
2. Antes de assar o carneiro, deixe-o marinando cerca de 4 horas numa mistura com o vinho, o azeite, o sal e o alecrim. Depois escorra e reserve o líquido.
3. Passe o carneiro pelas sementes moídas. Leve para assar em forno quente. Regue com o líquido em que ficou marinado. Durante o cozimento, se necessário, coloque mais vinho branco e um pouco de água e azeite (meio a meio) até que fique pronto, assado. Use o fundo da assadeira para um molho mais denso, se desejar.
4. Quando estiver no ponto (deve ficar bem dourado), retire do forno, deixe descansar alguns minutos e fatie fino.

Sugestão de Acompanhamento:
Purê de maçã com aipo e batata.

Fígado de Vitela com Alho-Poró e Polenta

2 colheres de sopa de manteiga
100g de alho-poró limpo e cortado em pedaços de 3cm
sal e pimenta-do-reino a gosto
400ml de caldo de vegetais (ver DICAS)
4 colheres de sopa de azeite
300g de fígado de vitela limpo e sem pele
100ml de vinho branco seco
1 colher de sopa de salsinha picada
4 pedaços de polenta

Utensílios Necessários:
tabuleiro ou pirex, 2 frigideiras, travessa

Dica: Faça a polenta conforme indicação da embalagem, deixe esfriar no tabuleiro ou no pirex e depois corte em quadrados de 3cm x 3cm.

Preparo:
1. Numa frigideira, coloque 1 colher de sopa de manteiga, deixe derreter e junte os pedaços de alho-poró. Tempere com sal e pimenta.
2. Coloque o caldo de vegetais. Tampe e deixe cozinhar.
3. Numa outra frigideira, coloque o azeite, deixe esquentar, adicione o fígado cortado em pedaços e deixe fritar.
4. Corrija o sal e a pimenta e junte o vinho. Abaixe o fogo e deixe cozinhar por 5 minutos.
5. Finalize com o restante da manteiga e a salsinha picada.

Montagem:
No fundo da travessa, arrume os quadradinhos de polenta quentes, o alho-poró e finalize com os pedaços de fígado. Sirva a seguir bem quente.

Vinho: Venegazzú Della Casa I.G.T. – Loredan Gasparini – Expand – Sommelière: Marlene Alves de Souza

Omelete Aberta de Aspargos

4 ovos médios
1 colher de sopa de óleo de soja
1 colher de sopa de cebola picada
1 xícara de pontas de aspargos cozidos al dente
2 colheres de sopa de endro fresco picado
2 colheres de sopa de queijo parmesão ralado de boa qualidade
sal e pimenta-do-reino moída na hora, a gosto
alface para decorar
tomate-cereja para decorar

Utensílios Necessários:
batedeira, frigideira antiaderente

Preparo:
1. Bata as claras em neve na batedeira. Adicione as gemas, ainda batendo, uma a uma, bem devagar.
2. Na frigideira, coloque o óleo e a cebola e leve ao fogo médio até ela ficar transparente.
3. Junte os ovos batidos. Sobre eles arrume as pontas de aspargos, o endro e o queijo ralado. Tempere com sal e pimenta. Tampe e deixe em fogo baixo até secar por cima.

Montagem:
Na hora de servir, vire a frigideira sobre o prato, de modo que a parte de baixo da omelete fique para cima. Enfeite com alface e tomate-cereja.

Cheese Cake de Espinafre

100g de manteiga sem sal derretida
1 pacote de biscoito cream-cracker esfarelado
1 queijo tipo Philadelphia
2 ovos inteiros
1 colher de chá de fermento em pó
1 xícara de creme de leite fresco
1 maço de espinafre
sal a gosto
1 pitada de noz-moscada
pimenta-do-reino a gosto (opcional)
3 colheres de sopa de queijo parmesão ralado de boa qualidade

Utensílios Necessários:
forma refratária pequena (de 12cm a 15cm de diâmetro), liquidificador

Preparo:
1. Junte a manteiga com o biscoito esfarelado. Com essa farofa, forre o fundo da forma refratária e 1cm da borda.
2. Bata no liquidificador o queijo, os ovos, o fermento e o creme de leite. Reserve.
3. Retire as folhas do espinafre, lave e afervente rapidamente por aproximadamente 1 minuto em água e sal. Escorra e esprema bem para retirar todo o excesso de água. Depois de picado, junte o espinafre à massa de queijo.
4. Corrija o sal, coloque a noz-moscada e a pimenta.
5. Com cuidado, coloque essa mistura dentro da forma já forrada com o biscoito. Leve ao forno. Quando começar a endurecer, polvilhe por cima o queijo parmesão. Continue a assar até ficar firme e dourada.

Acompanhamentos

Purê de Maçã

2 colheres de sopa de azeite
1 cebola pequena ralada
1 batata grande cozida descascada e picada
3 talos de aipo sem os fios picados
3 maçãs ácidas descascadas e picadas
1 1/2 xícara de água fervente
1 colher de sopa de manteiga sem sal
sal e pimenta-do-reino moída na hora a gosto (opcional)
1 colher de sopa de tomilho fresco picado

Utensílios Necessários:
descascador de batata, peneira ou processador de alimentos

Preparo:
1. Numa panela média, coloque o azeite e a cebola. Deixe dourar.
2. Acrescente a batata, o aipo e as maçãs. Deixe tomar gosto e coloque a água. Tampe e deixe cozinhar em fogo baixo até que os ingredientes fiquem macios.
3. Escorra e guarde a água do cozimento. Passe na peneira ou no processador até obter um purê. Se necessário, vá acrescentando aos poucos a água que ficou reservada para dar consistência firme e leve.
4. Junte a manteiga e bata vigorosamente. Corrija o sal e acrescente a pimenta. Esquente e sirva a seguir polvilhado com tomilho.

Vinho: Ch. Cós D'Estournel – França (Bordeaux / St. Estèphe) – Expand Group Brasil. Floresta Cabernet Merlot – Viña Santa Rita – Chile (Valle del Maipo) – Gran Cru Importadora – Sommelière: Marlene Alves de Souza

Salada de Beterraba, Laranja e Cebola

4 beterrabas de tamanho médio
sal a gosto
2 laranjas-seletas descascadas, sem as peles brancas, cortadas em fatias
1 cebola média cortada em rodelinhas bem finas
4 colheres de sopa de azeite
pimenta-do-reino moída na hora, a gosto
1 maço de salsinha picada, para decorar

Utensílio Necessário:
panela de pressão

Preparo:
1. *Cozinhe as beterrabas com casca na panela de pressão com água e uma pitada de sal.*
2. *Escorra. Deixe esfriar e retire a casca. Corte em fatias de 0,5cm de espessura.*

Montagem:
Arrume as fatias de beterraba intercaladas com as das laranjas e das cebolas. Tempere com azeite, sal e pimenta. Na hora de servir, enfeite com a salsinha.

Gratin de Fundo de Alcachofra e Batata

1 dente de alho descascado e partido ao meio
1 colher de chá de manteiga sem sal
3 1/2 xícaras de creme de leite fresco
1 pitada de pimenta-de-caiena
sal a gosto
1 pitada de noz-moscada
200g de batata
200g de fundos de alcachofra
1 1/2 xícara de queijo gruyère ou queijo-de-minas-meia-cura ralado grosso

Utensílios Necessários:
forma refratária, papel-alumínio

Dica: Os fundos de alcachofra podem ser encontrados congelados.

Preparo:
1. Aqueça o forno a 180°C.
2. Esfregue as metades dos dentes de alho no fundo e nas laterais de uma forma refratária e depois unte com a manteiga.
3. Num recipiente, junte o creme de leite, a pimenta, o sal e a noz-moscada.
4. Descasque as batatas, corte em fatias bem finas e coloque no recipiente com o creme de leite temperado.
5. Faça o mesmo com as alcachofras.
6. Junte o queijo.
7. Espalhe a mistura de batata, alcachofra e creme na forma, alisando.
8. Leve ao forno médio em banho-maria, coberto com papel-alumínio até cozinhar. Quando estiver cozido, retire o papel-alumínio e deixe dourar. Sirva quente.

Salada de Feijão-de-Soja

100g de feijão-de-soja
2 colheres de sopa de azeite
3 colheres de sopa de cebola picada
sal a gosto
1 maço de espinafre
1 tomate sem pele e sem semente cortado em cubinhos de 1cm
1 colher de chá de mostarda
3 colheres de sopa de salsinha fresca picada, para decorar

Obs.: Lave as folhas de espinafre, afervente-as rapidamente e pique-as.

Utensílio Necessário:
escorredor

Preparo:
1. Deixe o feijão de molho por uma noite.
2. Cozinhe o feijão em água fervente até que os grãos fiquem macios. Escorra e reserve.
3. Numa panela, coloque o azeite e a cebola. Quando a cebola começar a ficar transparente, junte o feijão. Mexa bem.
4. Acrescente o sal, o espinafre e, por fim, o tomate. Deixe no fogo mais uns 2 minutos. Retire do fogo.
5. Junte a mostarda e misture bem. Na hora de servir, polvilhe por cima a salsinha.

Sobremesas

Bolo de Amêndoas com Cenoura

1 colher de sopa de manteiga amolecida para untar
2 colheres de sopa de farinha de trigo para enfarinhar e 3/4 de xícara para a massa
240g de amêndoas sem casca
1 1/2 xícara de açúcar
1 colher de chá rasa de fermento em pó
2 1/2 colheres de chá de casca de limão-siciliano ralada
1 pitada de sal
240g de cenoura descascada e picada
4 ovos (claras e gemas separadas)
2 colheres de sopa de açúcar de confeiteiro

Utensílios Necessários:
forma baixa redonda de aproximadamente 30cm, triturador de alimentos, ralador, batedor de ovos

Preparo:
1. Aqueça o forno a 180°C.
2. Torre as amêndoas. Depois de frias, passe-as pelo triturador com o açúcar. Não deixe virar pasta, deve ficar pó.
3. Num recipiente, junte a farinha de trigo, o fermento, a casca de limão e o sal. Acrescente a mistura de amêndoas.
4. Rale ou moa as cenouras muito finas, adicione à mistura anterior e depois misture as gemas.
5. Bata as claras em neve e, bem suavemente, incorpore os outros ingredientes. Despeje a mistura na forma untada e enfarinhada.
6. Asse em forno médio por aproximadamente 30 minutos.
7. Desenforme e salpique por cima açúcar de confeiteiro.

Sugestão de Acompanhamento:
Compota de frutas ou sorvete de frutas e vinho de sobremesa.

Gratin de Ricota com Fruta Fresca

400g de ricota bem macia
2 gemas
1/2 xícara de mel
1 colher de café de essência de baunilha
manteiga sem sal suficiente para untar

Para Decorar:
frutas frescas picadas: laranja, tangerina ou qualquer outra
2 colheres de sopa de frutas secas: nozes, amêndoas, amendoins ou castanhas-de-caju picados

Utensílios Necessários:
batedeira, forma baixa

Preparo:
1. Bata a ricota na batedeira até ficar cremosa e homogênea.
2. Acrescente as gemas e bata por mais 2 minutos.
3. Adicione o mel e a baunilha.
4. Coloque a mistura numa forma baixa e untada com manteiga. Leve ao forno até dourar.
5. Depois de pronto, enfeite a ricota por cima com as frutas frescas. Salpique as frutas secas.

Bolinhos Macios de Chocolate

2 colheres de sopa de manteiga amolecida
120g de manteiga sem sal cortada em pedaços
120g de chocolate amargo picado
3 ovos grandes
1/2 xícara de açúcar
1/2 de xícara de farinha de trigo

Utensílios Necessários:
6 forminhas individuais pequenas (ramequins), assadeira, batedeira

Preparo:
1. Aqueça o forno a 180°C.
2. Unte com manteiga e enfarinhe as forminhas individuais. Arrume-as em uma assadeira.
3. Derreta a manteiga em banho-maria e despeje por cima do chocolate. Mexa até ficar macio e homogêneo.
4. Bata os ovos inteiros e o açúcar até obter uma mistura esbranquiçada consistente.
5. Misture levemente aos ovos batidos a farinha de trigo e depois a mistura do chocolate.
6. Encha as forminhas com a mistura e leve ao forno por aproximadamente 12 minutos. Sirva nas forminhas ou desenforme depois de alguns minutos.

Vinho: Vinho do Porto Quinta da Santa Bárbara – Portugal – Decanter – Espírito do Vinho – Sommelière: Marlene Alves de Souza

Obesidade

Hoje em dia as sociedades ocidentais têm cultuado o corpo sob o aspecto físico e saudável, mas, ao mesmo tempo, exageram na busca de um ideal de magreza. Sabe-se que a obesidade não é sinal de saúde e a redução do peso excessivo é uma atitude benéfica para o corpo, particularmente para o sistema cardiovascular e o aparelho locomotor. Porém, quando o problema é encarado com exagero, especialmente pelas mulheres, pode gerar verdadeira neurose na busca ansiosa por uma silhueta semelhante à das modelos dos desfiles de moda e das capas de revistas.

Na verdade, a obesidade deve ser evitada e combatida com inteligência e sem punições.

Mais importante do que viver em constantes dietas é racionalizar as refeições e reeducar os hábitos alimentares, adotando uma alimentação sadia e correta. As dietas, a maior parte das vezes seguidas por modismo, trazem a falsa esperança do milagre e, muitas vezes, mal escolhidas, são responsáveis por importantes alterações no organismo que podem ocasionar diversas doenças, muitas delas graves. A alimentação é fundamental para a sobrevivência do ser humano, e a conduta alimentar é que determina a qualidade de vida, podendo proporcionar uma vida saudável ou não. O comportamento alimentar, apesar de regulado por mecanismos fisiológicos do próprio corpo, sofre influências culturais e ambientais, além da forte influência das condições e das exigências emocionais de cada pessoa.

O peso corporal varia de indivíduo para indivíduo e é fortemente influenciado pelos fatores genéticos, pelo tipo e volume da alimentação, pela atividade física e pelo estado emocional. Pequenas alterações calóricas das refeições, ingeridas ocasionalmente, ou por determinado período, não alteram significativamente o peso, uma vez que nosso organismo dispõe de mecanismos reguladores por intermédio do seu próprio metabolismo. Experiências de laboratório mostram que animais submetidos a dietas forçadas ou de privação, logo após cessar o período do regime dietético programado, retomam a ingestão alimentar habitual que ocasiona o retorno do peso. No ser humano, entretanto, vários fatores, em especial os emocionais, interferem nos mecanismos reguladores da fome e da saciedade, dificultando a manutenção do ponto de equilíbrio do peso corporal.

Além da fome, um dos componentes mais importantes na motivação de se alimentar é o prazer. A ingestão de alimentos mais palatáveis e receitas mais gostosas trazem mais prazer porque ocasionam a liberação de endorfinas. Os mecanismos fisiológicos envolvidos no prazer não são de todo conhecidos, mas é sabido que são dominantes os fatores emocionais de carência e de recompensa comportamental. Portanto, quanto mais carência afetiva, maior a ingestão de "alimentos do prazer" – como o chocolate – que possuem alto teor calórico e, na maioria das vezes, são ingeridos em quantidades muito acima das necessidades do organismo. Situações de estresse continuado ou de forte tensão emocional podem desencadear uma fome exagerada, que resulta em um comer compulsivo e descontrolado e costuma levar à obesidade em pouco tempo. Episódios de compulsão alimentar em geral têm início na infância ou na adolescência. Pessoas com transtornos emocionais não bem definidos ou problemas existenciais crônicos em geral relatam histórias de vários tratamentos realizados para controle do peso sem resultado efetivo. Paradoxalmente, essas pessoas demonstram maior preocupação que outras com a forma e a imagem corporal, apesar de não conseguirem manter o peso desejado.

Ser obeso não é apenas um inconveniente estético. A obesidade já é reconhecida como doença pela OMS e como fator de risco para doenças cardiovasculares e, na maioria dos casos, passível de prevenção mediante mudança de hábitos de vida, principalmente da alimentação.

A obesidade está diretamente ligada ao surgimento e agravamento de várias doenças e problemas físicos como ronco, dores na coluna e articulações, gota, varizes, hipertensão arterial, doenças cardiovasculares, diabetes, deformidades ortopédicas irreversíveis, apnéia do sono e mesmo morte súbita.

Estar acima do peso significa que há uma quantidade excessiva de peso corporal, que pode ter como causa o aumento de massa muscular, uma estrutura óssea mais pesada, o aumento da gordura e a retenção de água. Mas estar obeso é ter um excesso de acúmulo de gordura no corpo. Uma pessoa pode estar acima do seu peso ideal e não ser obesa, como um fisiculturista, que apresenta grande massa muscular. Também é possível estar com excesso de gordura sem estar acima do seu peso. É o caso de pessoas muito sedentárias que se encontram dentro do peso considerado normal porque apresentam redução da massa muscular e perda de massa óssea, mas estão com a sua gordura corporal acima do ideal.

Todas as pessoas precisam de certa quantidade de gordura corporal, que estoca energia e serve para manter o controle térmico do corpo, além de proteger do impacto de traumatismos sobre os órgãos e as vísceras. Em virtude da influência dos hormônios, as mulheres apresentam mais gorduras do que os homens. São considerados obesos homens que tenham mais de 25% de gordura corporal e mulheres com mais de 30%.

Para pacientes muito obesos, que apresentam complicações médicas significativas em função da obesidade, a cirurgia é uma das opções. O critério para indicação da cirurgia é ter pelo menos 45 kg além do peso considerado ideal. Uma das técnicas mais utilizadas no momento é o procedimento restritivo gástrico, que reduz a capacidade do estômago, provocando sensação de saciedade mais rapidamente. Se a pessoa insistir em comer além da capacidade do seu pequeno estômago, sentirá dor e poderá ter náuseas e vômitos.

O Índice de Massa Corporal (IMC) é uma fórmula matemática que correlaciona peso e gordura corporal. IMC equivale ao peso da pessoa em quilogramas dividido pela altura em metros quadrados (IMC = kg/m^2). Em geral, pessoas abaixo dos 34 anos que apresentam IMC de 25 ou mais são consideradas obesas; acima de 35 anos com IMC de 27 ou mais costuma ser sinal de obesidade moderada e IMC de 30 representa sinal de obesidade moderada a grave. Para se atingir um emagrecimento racional com segurança, deve-se planejar perder de 450 g a 1 kg por semana, consumindo aproximadamente 300 a 500 calorias menos do que o habitual (mulheres e homens sedentários normalmente precisam comer aproximadamente 2 mil calorias para manter seus pesos; homens e mulheres muito ativos podem consumir mais de 2.500 calorias por dia).

As principais causas de obesidade são hábitos de vida sedentários, dietas ricas em gordura e a ingestão de bebidas alcoólicas. É fato que certas pessoas podem se tornar obesas porque têm uma predisposição genética e se encontram muitas vezes, por força das circunstâncias, expostas a hábitos de vida e alimentares pouco saudáveis. Mas a principal responsável pela obesidade é a própria pessoa e, obviamente, seus padrões de alimentação.

Além dos fatores genéticos, o estilo de vida adotado contribui muito para a obesidade. Apesar de ainda não se poder mudar as cargas genéticas, pode-se mudar o tipo de alimentação e adotar uma vida mais ativa. Muitas pessoas conseguem emagrecer e manter o peso ideal praticando algum tipo de exercício, aprendendo a escolher refeições mais nutritivas e menos calóricas e evitando os estímulos ambientais, como o aroma tentador de comida, uma cozinheira muito competente e criativa, a participação freqüente em jantares sociais, e situações que as façam comer mais do que devem e do que o corpo precisa, ou mesmo que as façam comer quando não estão com fome.

As carências afetivas e emoções negativas, como tristeza, raiva, tédio, solidão, tendem a ser compensadas com excessos alimentares. Cerca de 30% dos obesos sofrem de compulsão por comida.

Ao adotar, no dia-a-dia, hábitos de vida saudáveis, com maior consumo de vegetais, frutas, grãos e cereais nas refeições, com a prática de algum tipo de atividade física e a procura de maior estabilidade emocional, pode-se conseguir gerenciar o peso com resultados altamente positivos. A obtenção do peso ideal tem de ser um processo a longo prazo, regular e constante, e não a curtíssimo prazo; e deve envolver, também, a elevação da auto-estima e a conscientização dos riscos que a obesidade traz para a saúde.

Não existem dietas milagrosas ou pílulas mágicas para emagrecer. Para uma perda de peso real e segura, é necessário estabelecer metas razoáveis de diminuição dos quilos extras e, como já foi mencionado, mudar os hábitos alimentares e praticar exercícios regularmente. Inibidores de apetite e outros medicamentos que ajudam a emagrecer – devem sempre ser prescritos por médicos – podem auxiliar nos casos mais graves por um curto prazo de tempo, na fase inicial de um regime, mas não podem substituir a adoção, no decorrer da vida, de hábitos alimentares saudáveis. Na maioria dos casos, os inibidores de apetite não oferecem grandes vantagens e, se usados indiscriminadamente, podem vir a prejudicar a saúde e não ajudam o obeso a se conscientizar de que deve mudar os hábitos. Em muitos casos, eles afetam e pioram o equilíbrio emocional.

Alimentar-se de forma saudável significa comer sempre com moderação, não deixar de comer qualquer tipo de alimento ou nutriente, procurar variar sempre os alimentos e buscar o equilíbrio calórico entre as calorias consumidas e as gastas. Para perder peso, é preciso ingerir menos calorias do que aquelas consumidas e, para manter o peso, a quantidade de calorias ingeridas e gastas deve ser a mesma.

A alimentação deve ser balanceada e dela devem constar todas as categorias de alimentos. Os pães, os cereais, as massas e o arroz devem ser consumidos com muita moderação, dando-se preferência a vegetais e frutas, leite desnatado, iogurte e queijo branco. Consumir menos carne vermelha, não comer carnes gordurosas e se alimentar mais de frango e peixe. Os ovos na alimentação devem ser cozidos ou pochês, nunca fritos, e o ideal é consumir somente a clara. Não comer frituras em geral. O poder calórico das gorduras é muito grande. As pessoas devem se abster do açúcar. É uma substância derivada de um processo químico de refinamento cujo produto final não contém nutrientes. Foram eliminadas do açúcar as fibras, as proteínas, as vitaminas e os sais minerais e é composto apenas de carboidrato de grande potencial calórico. O corpo não necessita de açúcar e sim de glicose, que o organismo extrai dos alimentos ingeridos como cereais, frutas, legumes etc. Durante o mecanismo da utilização do açúcar pelo corpo humano, o seu metabolismo precisa incorporar substâncias fornecidas pelas vitaminas do complexo B, cálcio e outras mais, o que ocasiona uma redução das reservas orgânicas.

Os doces e o açúcar estão muito ligados ao afeto e ao amor. As pessoas com carência afetiva e as crianças tendem a compensar a dependência e a carência emocional comendo doces, balas e bombons, o que provoca desequilíbrio metabólico e elevação do peso corporal.

Beber muita água antes e fora das refeições é mais importante que tomar remédio. Não só o corpo fica mais hidratado, como a sensação de fome é temporariamente atenuada. Uma das conseqüências da redução do volume alimentar imposta pela dieta é o aparecimento de constipação intestinal (prisão de ventre), que melhora com a ingestão de maior quantidade de água. A diminuição da quantidade de alimentos e, conseqüentemente, de sal e outros condimentos reduz a sensação de sede e a pessoa inadvertidamente passa a beber menos água que o habitual.

As bebidas alcoólicas têm grande potencial calórico e estimulam o apetite. Estão sempre associadas a situações prazerosas e festivas e, em geral, quando ingeridas, acompanham refeições mais copiosas ou aperitivos gordurosos e engordativos. Além disso, o álcool ativa a sensibilidade gustativa e libera os impulsos, o que resulta sempre numa refeição menos controlada, mais abundante e com uma quantidade de calorias que ultrapassa a dose calórica ideal, constituindo-se, portanto, num dos grandes inimigos das pessoas obesas, ou daquelas que desejam manter o peso. Se a pessoa em uma reunião festiva fizer uso de alguma bebida alcoólica, assim como beber vinho durante uma refeição, deve ter em mente que as calorias adicionais ingeridas devem ser compensadas com redução do volume alimentar.

Exercícios físicos ajudam a controlar o peso porque consomem o excesso de calorias que, se não utilizadas, são estocadas como gordura.

Deve-se evitar seguir as dietas da moda, que prometem resultados fantásticos, costumam ter baixíssimas calorias e quase sempre são nutricionalmente desequilibradas e apresentam um índice de êxito, a longo prazo, de aproximadamente zero. A maioria traz resultados decepcionantes e muitas são perigosas para a saúde. As dietas que seguem regimes de baixa caloria visam proporcionar as necessidades básicas do organismo, com valores protéicos e vitamínicos adequados (carnes, ovos, legumes, verduras e frutas), com restrição de gorduras e carboidratos (açúcares, doces, massas e biscoitos). Tecnicamente são perfeitas, não causam alteração do equilíbrio orgânico e fornecem entre 1.000 e 1.800

calorias diárias. O grande problema é que ocasionam uma sensação de fome exagerada, o que produz desistências e compromete o tratamento. Portanto, a dieta não pode ser muito restritiva, assim como a retirada dos carboidratos da dieta não deve ser total.

A obesidade causa sofrimento emocional. Numa sociedade que valoriza corpos magros — sobretudo para mulheres — o obeso se sente pouco atraente e ainda sofre discriminação e preconceito no trabalho, na escola, quando está procurando emprego e em situações sociais. Sentimentos de rejeição, vergonha e depressão são comuns e geram um círculo vicioso que faz com que o obeso coma ainda mais. A perda de alguns quilos é capaz de melhorar consideravelmente a auto-estima e combater a depressão.

Simples modificações na seleção e no preparo dos alimentos permitem que não se abandonem por completo aqueles itens preferidos do cardápio, muitas vezes pouco nutritivos e muito calóricos. Por exemplo, deve-se optar por leite desnatado em lugar do integral; queijo branco em vez do amarelo; iogurte como substituto do creme de leite; partes magras de carnes e frangos, sempre sem peles; e alimentos cozidos, grelhados ou feitos ao vapor, em detrimento das frituras.

Dar preferência aos produtos light e aos que mencionam redução de calorias. É importante conferir no rótulo o valor calórico e de gorduras dos produtos intitulados light ou diet. Alguns produtos rotulados como diet não contêm açúcar, mas possuem grande quantidade de gordura. Alguns alimentos dietéticos são indicados para prevenção de determinadas doenças com baixo teor de sal e de colesterol, mas possuem elevado conteúdo calórico.

Quem quer emagrecer não precisa fazer jejum total. Deve consumir no mínimo três refeições ao dia, balanceadas e moderadas, utilizando pratos menores e não repetir na mesma refeição. Procure envolver a cozinheira no processo dietético, explicando as vantagens de uma cozinha mais saudável. Quando sentir fome fora da hora de uma refeição, procure comer uma fruta ou tomar uma xícara de café com leite desnatado e adoçante. Beba bastante água durante o dia, principalmente nos intervalos entre as refeições. Evite açúcar, doces, refrigerantes e álcool. Use sempre adoçantes artificiais. Prefira os sucos naturais, mas tome-os com moderação, pois é bom lembrar que para se ter um copo de suco é preciso espremer um número de frutas maior do que a sua cota calórica ideal. Para conseguir o volume desejado, adicione água. É sempre melhor comer a fruta a tomar seu suco, pois ela contém fibras importantes para ativar o trânsito intestinal, além de trazer maior sensação de saciedade. Não deixe totalmente de comer massas, apenas coma com moderação e em dias predeterminados. O organismo precisa de carboidratos como de qualquer outro nutriente. Um prato de macarrão por si só tem poucas calorias, mas os molhos que o acompanham é que aumentam a cota de calorias e fazem engordar. Não se deve achar que só comer salada emagrece. Se a pessoa exagerar no azeite, nos molhos com creme de leite e nos eventuais acompanhamentos, encherá a salada de calorias. Mesmo as verduras, dependendo da quantidade exagerada que se coma, também engordam. Não se deve desanimar se os resultados da dieta demorarem mais do que o esperado. Deve-se, sim, rever toda a dinâmica do processo.

Uma coisa é certa: não há método milagroso nem resultado rápido para o problema de excesso de peso. O importante é ter determinação e força de vontade. A prosaica constatação confirmada em todos os estudos é que a comida além da cota necessária sempre engorda.

Obesidade

Obs.: Use sempre panelas revestidas de teflon.

Entradas

Salada Oriental Exótica

Para a Salada:
2 ovos
sal e pimenta-do-reino moída na hora, a gosto
200g de tofu duro
1 colher de chá de óleo vegetal
100g de cogumelos pleurotus limpos
1 pimenta vermelha pequena sem semente, cortada em cubinhos
170g de broto de lentilha cru
4 espigas de milho baby em conserva
1 cabeça de alface lollo rosa ou chicória frisée

Para o Molho:
3 colheres de sopa de óleo vegetal
1 colher de sopa de vinagre de arroz
1 colher de sopa de molho de soja light
1 colher de sopa de gengibre fresco ralado
1 cebolinha verde picada
1 colher de café de adoçante em pó

Dica: O broto de lentilha cru é encontrado nos supermercados, na seção das verduras.

Utensílios Necessários:
batedor de ovos, frigideira antiaderente, pincel, saladeira rasa, recipiente alto

Preparo da Salada:
1. Bata os ovos com sal e pimenta.
2. Esquente a frigideira e coloque a mistura. Cozinhe até ficar dourado do lado de baixo e seco no centro. Transfira para um prato e deixe esfriar.

3. Pincele o tofu com o óleo. Leve para grelhar ambos os lados. Deixe esfriar e corte em 12 quadradinhos.

4. Corte os cogumelos maiores. Coloque-os em um recipiente junto com a pimenta.

5. Enrole a omelete como se fosse um rocambole. Corte em tirinhas finas de 0,5cm. Junte aos cogumelos.

6. Adicione também os brotos de lentilha e os milhos baby cortados ao meio em sentido longitudinal. Acrescente, por último, o tofu.

Preparo do Molho:

Coloque todos os ingredientes do molho em um recipiente alto, como uma garrafa. Feche e misture bem, sacudindo.

Montagem:

Forre uma saladeira rasa com as folhas de alface cortadas. Com 3/4 da quantidade do molho, tempere os ingredientes que estão misturados. Com o restante, tempere as folhas no fundo da saladeira. No centro, coloque os ingredientes misturados e enfeite com o milho baby.

Suflê de Couve-Flor ao Curry

20g de amido de milho
250ml de leite desnatado
sal e pimenta-do-reino a gosto
1/2 colher de café de noz-moscada
2 ovos
150g de couve-flor cozida e bem picada
1/2 colher de café de curry em pó

Utensílio Necessário:
batedor de ovos

Preparo:
1. Numa panela, dissolva o amido de milho no leite. Leve ao fogo, mexendo até ferver. Deixe cozinhar por mais 1 minuto. Retire do fogo. Tempere com sal, pimenta e noz-moscada.
2. Junte as gemas, a couve-flor e o curry.
3. Bata as claras em neve e incorpore a mistura delicadamente. Leve ao forno médio por 30 minutos aproximadamente.

doenças antipáticas

Sopa de Lentilhas Vermelhas e Salmão

50g de lentilhas vermelhas
100g de cebola picada
100ml de água
sal e noz-moscada a gosto
200g de salmão fresco cortado em cubinhos
2 colheres de sopa de endro picado

Utensílio Necessário:
frigideira

Preparo:
1. *Cozinhe as lentilhas e a cebola na água.*
2. *Adicione o sal e a noz-moscada. Mexa bem.*
3. *Na frigideira, grelhe os cubinhos de salmão. Polvilhe com sal e endro.*

Montagem:
No prato de serviço, coloque a lentilha cozida e disponha o salmão por cima. Sirva quente.

Croque-Monsieur de Maçã

2 fatias de pão de forma sem gordura
1 fatia fina de presunto de peru
50g de queijo-de-minas light
60g de maçã sem casca cortada em fatias

Dica: Pode-se usar o grill para grelhar o sanduíche.

Sugestão de Acompanhamento:
Salada verde.

doenças antipáticas

Tomate em Cartoccio

4 tomates médios cortados ao meio
sal a gosto
100g de presunto de peru moído
1 mozarela de búfala grande cortada em cubinhos bem pequenos
2 colheres de sopa de salsinha picada
1 pitada de noz-moscada
pimenta-do-reino a gosto
1 ovo
2 colheres de sopa de farinha de rosca

Utensílios Necessários:
papel-alumínio, tabuleiro

Preparo:
1. Cubra os tomates com uma pitada de sal e deixe escorrer com a parte da polpa virada para baixo.
2. Num recipiente, misture o presunto, a mozarela, a salsinha, o sal, a noz-moscada, a pimenta e o ovo. Misture bem.
3. Retire as sementes dos tomates. Se ficar alguma polpa sólida, retire, corte em cubinhos e junte à mistura do presunto.
4. Recheie as metades dos tomates com a mistura, espalhando a farinha de rosca sobre o recheio. Embrulhe em papel-alumínio e leve ao forno em um tabuleiro por aproximadamente 30 minutos.

Vinho: Béatines Coteaux d'Aix Provence Rosé – M.Chapoutier – França (Coteaux d'Aix en Provence) – Sommelière: Marlene Alves de Souza

Carpaccio aos Três Salmões

Para o Carpaccio:
150g de filé de salmão fresco
150g de filé de salmão defumado
sal e pimenta-do-reino a gosto

Para o Molho:
4 colheres de sopa de iogurte desnatado
1 colher de café de wasabi
suco de 1/2 limão verde
1 pitada de sal

Para Decorar:
50g de ovas de salmão
1 colher de chá de pimenta-verde em conserva
6 tomates-cereja
4 rodelinhas de limão-siciliano bem finas
2 colheres de sopa de ciboulette ou endro bem picados (opcional)

Utensílios Necessários:
filme plástico, faca bem afiada

Preparo do Carpaccio:
1. Corte as aparas dos filés, se houver.
2. Deixe os filés no freezer, embrulhados em filme plástico, por 15 minutos até começarem a endurecer.
3. Com uma faca bem afiada, corte fatias dos filés horizontalmente o mais fino possível. Arrume no prato. Polvilhe um pouquinho de sal apenas no salmão fresco e pimenta em ambos.

Preparo do Molho:
Misture o iogurte com o wasabi, o suco de limão e o sal.

Montagem:

Espalhe o molho por cima das fatias de salmão. Depois arrume as ovas e a pimenta-verde. Enfeite com os tomates-cereja e as fatias finas de limão. Se quiser, espalhe por cima a ciboulette ou o endro. Sirva frio.

Sugestão de Acompanhamento:

Salada de endívias e radicchio.

Vinho: Doña Paula Chardonnay Estate – Argentina (Luján de Cuyo) – Gran Cru Importadora – Sommelière: Marlene Alves de Souza

Pratos Principais

Carne Assada Recheada

Para a Carne Assada:
200g de lagarto redondo
1 colher de sopa de óleo vegetal
1 copo de vinho branco seco
1 ramo de alecrim

Para o Recheio:
100g de presunto de peru light moído
50g de queijo-de-minas light moído
1 ovo
2 colheres de sopa de mostarda
1 abobrinha média sem o miolo e ralada no ralo grosso
sal e pimenta-do-reino a gosto

Utensílios Necessários:
ralo grosso, moedor, ralador, bico ou seringa para rechear, assadeira

Preparo da Carne Assada:
1. Faça um buraco com a faca no centro da carne. O orifício deve ir até o final (para ser preenchido com o recheio). Com a ajuda do bico, preencha o orifício da carne com o recheio.
2. Coloque a carne recheada em uma assadeira untada com óleo.
3. Junte o vinho e o alecrim e leve ao forno quente para assar, em forno médio, por aproximadamente 1 hora. Regue com água e sal se for necessário. Retire do forno e corte em fatias finas.

Preparo do Recheio:
1. Junte o presunto, o queijo, o ovo, a mostarda e a abobrinha.
2. Tempere com sal e pimenta e reserve.

Sugestão de Acompanhamento:
Abobrinha em rodelinhas passadas rapidamente em água e sal.

Vinho: Côte de Nuit – Cuvée Louis Auguste – Borgogne – Importadora Mistral – Sommelière: Marlene Alves de Souza

Frango em Crosta de Sal

3kg de sal grosso
1 frango inteiro limpo
4 ramos de alecrim
3 folhas de sálvia
2 dentes de alho sem pele

Utensílios Necessários:
papel-alumínio, forma alta em que caiba o frango inteiro

Preparo:
1. Forre a forma com papel-alumínio.
2. No fundo da forma, coloque uma parte do sal grosso, depois o frango e os temperos. Cubra o frango completamente com o sal restante e feche o "embrulho" com papel-alumínio.
3. Leve ao forno quente por aproximadamente 1 hora. Retire do forno, desembrulhe, retire o sal e a pele do frango. Corte pelas juntas.

Sugestão de Acompanhamento:
Salada verde.

Vinho: Lidio Carraro Merlot "Grande Vindima" 2002 (100% Merlot) – Lídio Carraro – Brasil (Vale dos Vinhedos) – Sommelière: Patrícia Carraro

Espetinhos de Salmão

300g de filé de salmão cortado em cubos de 2cm x 2cm
3 tomates sem sementes cortados em cubos de 2cm x 2cm
1 cebola pequena cortada em cubos de 2cm x 2cm
100g de cogumelo-de-paris fresco (sem o talo)
1 pimentão verde sem sementes cortado em cubos de 2cm x 2cm
1 copo de vinho branco seco
sal e pimenta-do-reino a gosto
50ml de azeite
ciboulette ou endro picado a gosto, para decorar

Utensílios Necessários:
4 espetinhos de bambu, frigideira antiaderente

Preparo:
1. Prepare os espetinhos colocando o salmão, o tomate, a cebola, o cogumelo e o pimentão, alternando os ingredientes.
2. Num recipiente, coloque os espetinhos e tempere com 1 copo de vinho, sal, pimenta e azeite. Deixe marinar por 3 horas.
3. Grelhe na frigideira sem gordura.
4. Salpique com ciboulette e sirva quente.

Vinho: *Amayna Pinot Noir – Viña Garcés Silva – Chile – Importadora Mistral – Sommelière: Marlene Alves de Souza*

Atum com Alcaparras

1 posta de atum fresco de 300g a 400g
1 colher de sopa de óleo de canola
2 colheres de sopa de tomate pelado picado
1/2 copo de água
1 colher de sopa de alcaparras em conserva, lavadas e enxutas
1 folha de louro
2 colheres de sopa de salsinha picada
2 colheres de sopa de hortelã picada
sal e pimenta-do-reino a gosto

Utensílio Necessário:
panela antiaderente

Preparo:
1. Doure o atum (ambos os lados) na panela com o óleo.
2. Junte o tomate, a água e as alcaparras. Deixe cozinhar em fogo brando por 30 minutos com panela tampada.
3. Retire o atum. Mantenha aquecido.
4. Reduza o molho e junte as ervas.
5. Tempere com sal e pimenta. Cubra com o molho e sirva a seguir.

Sugestão de Acompanhamento:
Legumes cozidos.

Vinho: *Weinert Merlot – Argentina – Importadora Vinhos do Mundo – Sommelière: Marlene Alves de Souza*

Lulas Recheadas

100g de folhas de espinafre
1 talo de aipo
1 cebola média
1 cenoura descascada
2 lulas grandes limpas, sem a pena e a cabeça
100g de ricota
2 ovos inteiros
sal e pimenta-do-reino a gosto
1 colher de sopa de óleo vegetal
4 tomates pelados picados
2 colheres de sopa de manjericão picado, para decorar

Utensílios Necessários:
processador de alimentos, peneira, palitos

Preparo:
1. Limpe e cozinhe rapidamente as folhas de espinafre em água e sal.
2. Esprema bem e pique-as. Passe o aipo, a cebola e a cenoura no processador.
3. Passe a ricota na peneira e junte o espinafre bem picado. Misture os ovos. Tempere com sal e pimenta.
4. Recheie as lulas com essa mistura. Feche as extremidades com um palito.
5. Numa panela, coloque o aipo, a cenoura e a cebola. Adicione o óleo e deixe suar.
6. Junte as lulas já recheadas e depois o tomate. Cozinhe lentamente por aproximadamente meia hora. Sirva bem quente, polvilhado com o manjericão.

Vinho: Santa Julia Chardonnay Reserva – Família Zuccardi – Argentina (Mendoza) – Expand Group – Sommelier: Paulo Nicolay

Sobremesas

Musse de Morango

1 1/2 xícara de queijo cottage
2/3 de xícara de leite em pó desnatado
3/4 de xícara de água
2 colheres de sopa de suco de limão
3 colheres de sopa de adoçante artificial em pó
1 envelope de gelatina em pó sem sabor
1 colher de chá de essência de baunilha
2 xícaras de morangos fatiados
óleo de soja suficiente para untar

Utensílios Necessários:
liquidificador, forma

Preparo:
1. Bata no liquidificador o queijo, o leite em pó, 1/2 xícara de água, o suco de limão e o adoçante até ficar homogêneo. Reserve.
2. Dissolva a gelatina com o restante da água em banho-maria e misture com o creme de queijo. Perfume com a baunilha.
3. Junte os morangos. Misture bem e coloque em forma untada com óleo de soja. Deixe na geladeira por 4 horas antes de servir.

Anel de Frutas em Gelatina de Chá de Pêssego

1/2 litro de água
3 saquinhos de chá de pêssego
1 colher de chá de adoçante artificial em pó
1 envelope de gelatina sem sabor
óleo vegetal para untar
6 morangos grandes cortados em fatias
1 maçã sem casca cortada em cubinhos de 0,5cm
1 fatia de melão pequena cortada em cubinhos de 0,5cm
1 pêssego grande ou 1 ameixa vermelha sem casca cortada em cubinhos de 0,5cm
1 kiwi sem casca cortado em cubinhos de 0,5cm
10 folhas de hortelã cortadas em tiras finas, para decorar
1 pitada de canela em pó

Utensílio Necessário:
forma com buraco no meio

Preparo:
1. Faça um chá forte com a água e os saquinhos de chá de pêssego, acrescente o adoçante.
2. Dissolva a gelatina em banho-maria, usando 1/2 copo desse chá. Junte ao restante do chá e deixe esfriar bem.
3. Unte com óleo vegetal uma forma com buraco no meio. Coloque as frutas já preparadas em volta.
4. Com cuidado, coloque metade da quantidade de chá e leve à geladeira. Deixe até começar a endurecer.
5. Retire da geladeira e acrescente cuidadosamente o restante do chá. Leve outra vez à geladeira por 4 horas.
6. Desenforme, esquentando ligeiramente a forma.
7. Enfeite com hortelã e polvilhe canela.

Sugestão de Acompanhamento:
Creme para sobremesas.

Creme para Sobremesas

1 1/2 colher de chá de gelatina sem sabor
1/4 de xícara de água
2 colheres de sopa de adoçante artificial em pó
1 colher de chá de essência de baunilha
1/2 xícara de leite evaporado desnatado

Utensílio Necessário:
batedeira

Preparo:
1. Dissolva a gelatina com a água em banho-maria.
2. Junte o adoçante e a baunilha. Deixe esfriar.
3. Adicione o leite bem gelado e bata em velocidade máxima até engrossar. Mantenha na geladeira até a hora de servir.

Envelhecimento

Enquanto a engenharia genética não proporciona uma solução definitiva para retardarmos nosso envelhecimento, algumas medidas importantes, já comprovadas em todos os meios científicos, devem ser adotadas, sobretudo aquelas que se referem à qualidade da alimentação.

Não há dúvida de que a modernidade trouxe uma série de benefícios para o ser humano, nos mais diferentes aspectos, em especial no campo da medicina e da nutrição. Por outro lado, essa mesma modernidade nos causa novos males físicos e psíquicos, acelera o nosso envelhecimento e, de uma forma progressiva, tem aumentado a incidência do aparecimento das doenças degenerativas em nossos organismos.

O envelhecimento, apesar de ser uma evolução natural do corpo humano, é temido por todos. Platão dizia que se teme a velhice porque ela nunca vem só. Na verdade, ela sempre vem acompanhada de significativas limitações, seja nos aspectos físico e psíquico, seja no aspecto social. Todo mundo almeja viver muito, mas ninguém quer envelhecer. Hoje, existem recursos que podem ser utilizados para se retardar o envelhecimento ou, pelo menos, ter uma velhice mais digna.

Sabe-se, com certeza, que a utilização dos modernos recursos da ciência e a adoção de hábitos de vida saudável podem retardar o envelhecimento e preservar uma boa qualidade de vida durante todo o período da velhice. Uma pessoa de meia-idade, mesmo se sentindo jovem, deve se conscientizar de que não possui mais a mesma resistência e o vigor de tempos atrás, quando tinha menos idade. Todos os órgãos do corpo, até mesmo os da digestão, diminuíram sua capacidade de funcionamento. Consciente disso e agindo de maneira correta, a pessoa procura adequar suas atitudes e seu comportamento às mudanças do organismo, de uma maneira natural, sem que isso se torne penoso.

Uma pessoa de mais idade não deve querer se igualar fisicamente e procurar a competição com os mais jovens. A ciência do envelhecer reside em aceitar as limitações da idade. Segundo Ovídio, "a velhice chega insensivelmente". Entretanto, a constatação do envelhecimento físico que acontece de forma acelerada e sem uma preparação emocional pode fazer com que a pessoa se sinta deprimida.

Em termos biológicos, o ser humano tem a idade das suas artérias porque elas conduzem o sangue, que leva oxigênio e todos os nutrientes às células dos tecidos e órgãos do corpo e, principalmente, glicose ao cérebro. Quando comprometidas, as células ficam carentes de oxigenação e nutrição adequadas. Se a circulação flui em boas condições e as artérias estão desobstruídas, todas as células e tecidos estarão bem oxigenados, nutridos e preservados. Portanto, a pessoa pode ser um "jovem-velho" se as artérias estiverem precocemente envelhecidas e atingidas pela arteriosclerose; ou ser um "velho-jovem" porque, mesmo com idade avançada, suas artérias foram poupadas desse processo degenerativo.

Quando se dá a obstrução total de uma artéria, o segmento do corpo não irrigado corre o risco de necrosar. Se a artéria comprometida é uma artéria coronária (que irriga o coração), advém o infarto do miocárdio.

Assim como as artérias, o cérebro também envelhece com a perda progressiva dos neurônios, o que contribui para a redução em 5% da sua massa total aos setenta anos e aumenta essa perda para 10% aos oitenta anos e até 20% após os noventa anos. Mas, como qualquer órgão do corpo humano, o cérebro pode, com um programa adequado de manutenção, funcionar bem por mais tempo, mesmo com essas alterações.

doenças antipáticas

Foi comprovado que há uma ligação positiva importante entre a alimentação e a longevidade. Em muitas espécies animais, os trabalhos experimentais mostram que é possível aumentar a duração de vida em até 50% por meio da modificação adequada da alimentação.

Um dos mais temidos sinais de envelhecimento é a perda de memória. Entretanto, nem sempre a dificuldade de memorizar, ou mesmo o esquecimento, é sinal de envelhecimento precoce. A cada minuto o cérebro humano perde neurônios. Com o envelhecimento, há uma redução considerável de neurônios e da utilização de neurotransmissores nas funções cerebrais. Os neurotransmissores fazem parte da química da memória e do pensamento. Eles se encontram em grande abundância no cérebro, e estão concentrados sobretudo no hipocampo, parte do cérebro na qual se encontra o centro da memória. Os pensamentos "viajam" através das células do cérebro e os neurotransmissores constituem o sistema de transporte.

Há mais de cem diferentes substâncias neurotransmissoras. A acetilcolina é a mais abundante e sua deficiência ocasiona perda de memória. A serotonina é responsável pela sensação de bem-estar, além de ajudar a controlar a dor e estimular o sono. A diminuição da serotonina causa mau humor, depressão, diminuição da concentração e da memória. A dopamina tem como principal função a coordenação dos movimentos do corpo. O glutamato é essencial para armazenar novos conhecimentos e evocar os antigos. O GABA (ácido gama-aminobutírico) é um neurotransmissor tranqüilizante que favorece o relaxamento e o sono. Algumas substâncias como o triptofano e a melatonina também participam ativamente da atividade cerebral e são prescritas juntamente com o ginseng, o magnésio e o gingko biloba na prevenção do envelhecimento cerebral e na tentativa de promover a longevidade das funções do cérebro. Outro fator importante para se conseguir a longevidade da atividade cerebral é o constante estímulo à criatividade e à intelectualidade. A produtividade intelectual tem provado que a circulação de idéias propicia a atividade cerebral e a produção de neurotransmisores. Infelizmente todos os neurotransmissores diminuem com o envelhecimento do organismo. Devemos constantemente exercitar o nosso cérebro lendo, fazendo contas, palavras cruzadas, vendo fotos, identificando as pessoas e, quando possível, falando outro idioma. Costuma-se exigir demais do cérebro, o que não é o mesmo que exercitá-lo.

Com o passar dos anos, o sistema musculosquelético também sofre importantes alterações. Há perda de massa muscular, fator importante na sustentação e no equilíbrio do corpo. Essa perda de massa muscular pode ser minimizada com exercícios físicos regulares e alimentação adequada.

Como foi abordado no capítulo sobre osteoporose, evitar ao máximo a redução da massa óssea deve ser uma preocupação constante, pois constitui um fator essencial no envelhecimento do esqueleto e predispõe a pessoa idosa a fraturas, às vezes espontâneas, e às microfraturas, muitas vezes não detectadas mas que ocasionam dor, o que limita significativamente as atividades físicas e reduz a qualidade de vida.

Os sintomas relacionados com o envelhecimento podem se manifestar de diversas maneiras, como a perda de força muscular, a diminuição da disposição para realizar os afazeres diários, a fraqueza muscular, os lapsos de memória cada vez mais freqüentes, os episódios de vertigens, o cansaço excessivo e a falta de vontade para realizar atividades que antes proporcionavam prazer.

O envelhecimento precoce e o grande número dos problemas de saúde podem ser ocasionados pela poluição química e radioativa, dos alimentos, da água e do ar. Tais fatores agridem o organismo de maneira insidiosa e constante. Na maior parte de nossa vida, não notamos esse perigo, passando despercebido; mas doses diárias de envenenamento químico e de radioatividade atingem sistematicamente nosso organismo em todas as fases de nossa vida. Os agrotóxicos, os conservantes, os corantes, o chumbo dos canos de água, o alumínio das panelas, das "quentinhas" e dos laminados, o manganês das latas de cerveja, o cádmio dos cigarros, a água das piscinas, as tinturas dos cabelos, o esmalte das unhas, tudo contribui para o processo lento de intoxicação por metais pesados. A ingestão continuada de substâncias tóxicas contidas nos alimentos industrializados, nas frutas, nos legumes e nas verduras que sofrem a ação descontrolada de herbicidas e fungicidas (daí a importância de os alimentos orgânicos serem cada vez mais adotados); e a ingestão dos hormônios do crescimento aplicados à carne bovina e às aves de corte para engorda rápida, tudo isso afeta o nosso organismo ocasionando intenso processo de oxidação, o que acarreta acelerado envelhecimento das células e aparecimento de inúmeras patologias.

Os estudos científicos mostram que a alimentação mal orientada e os alimentos mal utilizados podem se tornar fatores relevantes na nossa contaminação interna.

Os agrotóxicos constituem um dos fatores mais importantes na contaminação do corpo humano pelos temíveis metais tóxicos. Os resíduos químicos dos produtos utilizados que ficam depositados nas plantações serão também absorvidos pelo organismo ao ingerirmos frutas, legumes e verduras que não forem bem escolhidos e bem lavados. Outro aspecto a ser levado em conta é a capacidade nutricional dos alimentos. Todo alimento industrializado sofre perda de nutrientes por causa do cozimento, principalmente se for demorado, e perda na pasteurização, o que reduz a quantidade de vitaminas e sais minerais. Soma-se ao problema a adição de corantes e conservantes que sabidamente tornam o alimento menos saudável. Os vegetais *in natura*, muito mais nutritivos e salutares, também devem ser consumidos com certa brevidade, uma vez que começam a perder nutrientes a partir do momento da colheita, em virtude da interrupção de sua oxigenação. O tratamento químico do solo, muito empregado nos dias de hoje, pode contribuir para que os alimentos percam até dois terços do seu valor nutritivo.

Todos esses fatores devem ser levados em consideração quando se deseja uma alimentação nutritiva e balanceada capaz de retardar o envelhecimento.

Em condições normais, as pessoas possuem um sistema antioxidante eficiente até os 35 anos. Dos 35 em diante, a eficiência vai diminuindo gradativamente, mas, independentemente da idade, a formação de radicais livres continua acontecendo. Com o passar dos anos, há uma diminuição de nossas defesas antioxidantes naturais, resultando no aumento dos radicais livres em nosso corpo, o que acelera o envelhecimento do organismo. Isso pode ser compensado com a ingestão adequada de substâncias antioxidantes.

Buscar uma vida saudável e com mais disposição física e psíquica está cada vez mais próximo da realidade. Hoje temos mais recursos ao utilizarmos os benefícios da alimentação orientada e os conhecimentos da terapia ortomolecular, cujo objetivo principal é a melhora da qualidade de vida das pessoas longevas.

Envelhecimento

Entradas

Salada de Abobrinhas

2 colheres de sopa de pinoli, para decorar
200g de abobrinha cortada em rodelas finas com casca
2 colheres de sopa de azeite
1 dente de alho amassado
2 colheres de sopa de hortelã fresca picada
1/2 colher de sopa de suco de limão
sal e pimenta-do-reino a gosto
2 talos de cebolinha

Utensílios Necessários:
frigideira antiaderente, frigideira, travessa

Preparo:
1. Torre os pinoli na frigideira antiaderente. Reserve.
2. Aqueça o azeite na frigideira. Coloque o alho e a abobrinha. Mexa até que fiquem levemente douradas. Misture a hortelã, o suco de limão, o sal e a pimenta.
3. Transfira a mistura de abobrinha para uma travessa e deixe esfriar. Corte a cebolinha, espalhe por cima e enfeite com o pinoli torrado.

Vinho: *Gewürztraminer Réserve – Dopff au Molin – França (Alsace) – Mistral Importadora – Sommelière: Marlene Alves de Souza*

Sopa de Feijão

250g de feijão-branco
1 alho-poró cortado em rodelas
1 cebola pequena cortada em rodelas
1 cenoura cortada em rodelas
2 talos de aipo cortados em rodelas
2 dentes de alho amassados
25ml de azeite
3 colheres de purê de tomate
sal e pimenta-do-reino a gosto
salsinha fresca picada, para decorar
1 colher de sopa de azeitona verde picadinha, para decorar

Utensílio Necessário:
escorredor

Preparo:
1. Deixe o feijão de molho por no mínimo 2 horas. Escorra, enxágüe e leve para cozinhar por aproximadamente 30 minutos.
2. Em uma panela, aqueça o azeite e coloque os vegetais fatiados. Tampe e deixe cozinhar por 5 minutos em fogo baixo.
3. Junte o feijão cozido e o purê de tomate aos vegetais. Cozinhe por mais tempo, até que os feijões fiquem no ponto desejado. Corrija o sal e a pimenta.
4. Sirva guarnecido com a salsinha e as azeitonas.

Sopa de Abóbora

1 colher de sopa de margarina
1 cebola média picada
1 batata média cortada em cubos
400g de abóbora sem semente e sem casca, cortada em cubos
750ml de água
250ml de leite de soja
sal e pimenta-do-reino a gosto
1 colher de café rasa de canela em pó
1 colher de sopa de cebolinha picada, para decorar

Utensílio Necessário:
liquidificador

Preparo:
1. Numa panela, aqueça a margarina e refogue a cebola.
2. Adicione a batata, a abóbora e a água. Cozinhe por 10 minutos.
3. Bata no liquidificador até obter uma mistura homogênea. Adicione o leite de soja e leve para ferver outra vez.
4. Tempere com sal, pimenta e canela.
5. Guarneça com cebolinha e sirva bem quente.

Pratos Principais

Peixe Acebolado

3 colheres de sopa de azeite
1 dente de alho amassado
250g de cebola fatiada bem fina
2 tomates sem pele e sem semente
1 colher de chá de suco de limão
2 colheres de sopa de salsa picada
1 folha de louro
1 colher de chá de orégano
sal e pimenta-do-reino a gosto
300g de filé de peixe (robalo ou cherne ou badejo)
50g de azeitonas pretas picadinhas, para decorar

Utensílio Necessário:
assadeira

Preparo:
1. Aqueça o azeite em uma panela. Adicione o alho e a cebola. Cozinhe em fogo brando de 5 a 10 minutos, até as cebolas ficarem macias.
2. Junte os tomates, o suco de limão, a salsa, o louro, o orégano, o sal e a pimenta. Tampe a panela e mantenha em fogo brando por 10 minutos.
3. Aqueça o forno a 200°C.
4. Coloque o peixe numa assadeira e derrame o molho sobre ele. Leve ao forno por 20 a 30 minutos.
5. Enfeite com as azeitonas e sirva quente.

Vinho: Gran Feudo Rosado – Julian Chivite – Espanha (Navarra) – Mistral Importadora – Sommelière: Marlene Alves de Souza

Panquecas Doces ou Salgadas (para rechear)

1/2 xícara de farinha de soja
1 1/2 xícara de farinha de trigo integral
1 colher de sopa rasa de fermento em pó
2 colheres de sopa rasas de açúcar
1 colher de café de sal
2 ovos
1 1/2 xícara de leite
4 colheres de sopa de óleo de soja
1 colher de chá de manteiga ou margarina

Utensílios Necessários:
liquidificador, frigideira

Preparo:
1. Misture todos os ingredientes menos a manteiga. Faça uma massa homogênea. Pode ser batido no liquidificador.
2. Derreta a manteiga numa frigideira. Derrame um pouco de massa no fundo e vire aos poucos a frigideira para que a massa se espalhe por igual. Doure de ambos os lados.
3. Repita a operação até que a massa termine.

Obs.: As panquecas podem ser recheadas, salgadas ou doces, ou servidas mornas com açúcar e canela.

Atum Grelhado com Gengibre e Gergelim

Para o Atum:
300g de filé de atum fresco
2 colheres de sopa de azeite
sal e pimenta-do-reino a gosto
5 colheres de sopa de gergelim branco
cebolinha ou endro picado, para decorar

Para o Molho:
1 pedaço de gengibre (aproximadamente 100g)
1/2 xícara de açúcar mascavo
4 colheres de sopa de água
suco de 1 limão médio (pode ser limão-siciliano)
1 pitada de sal
4 colheres de sopa de azeite
1 colher de café de shoyu

Utensílios Necessários:
ralador, frigideira, pinça de cozinha ou pegador, travessa

Preparo do Atum:
1. Corte o filé de atum em pequenos cubos. Lave e seque bem. Tempere com 1 colher de azeite, sal e pimenta. Deixe tomar gosto por 1 hora.
2. Empane o atum com o gergelim.
3. Aqueça o azeite restante em uma frigideira. Coloque os pedaços de atum e deixe dourar todos os lados de 1 a 2 minutos. Use uma pinça de cozinha ou pegador para ajudar. A parte externa deve ficar bem rosada. Mantenha quente.
4. Disponha o atum em uma travessa e cubra com o molho. Enfeite com cebolinha ou endro.

Preparo do Molho:
1. Descasque e rale o gengibre no ralador apropriado. Reserve.

2. Numa panela, coloque o açúcar mascavo e a água. Quando ferver e começar a formar uma calda rala, acrescente o gengibre, o suco de limão, o sal e o azeite. Deixe ferver em fogo brando até formar uma calda ligeiramente espessa.

3. Junte o shoyu. Retire do fogo e reserve.

Vinho: Reserve Merlot – Viña Carmen – Chile – Mistral Importadora – Sommelière: Marlene Alves de Souza

doenças antipáticas

Filé de Robalo com Palmito e Coulis de Pimentão Amarelo

Para o Filé de Robalo:
2 filés de robalo sem pele (com aproximadamente 150g cada um)
2 ramos de tomilho fresco
sal e pimenta-do-reino a gosto
2 colheres de sopa de óleo de soja
2 pedaços de palmito fresco (pupunha - de aproximadamente 10cm cada)
sal a gosto
2 colheres de sopa de tomilho fresco picado, para decorar

Para o Coulis de Pimentão Amarelo:
1 pimentão amarelo sem pele e sem semente
2 colheres de sopa de azeite
sal a gosto
1 pitadinha de canela (opcional)

Utensílios Necessários:
panela ou frigideira funda, escorredor, liquidificador

Preparo do Filé de Robalo:
1. Lave e seque os filés. Tempere com tomilho, sal, pimenta e óleo e deixe tomar gosto por 30 minutos.
2. Coloque os palmitos numa frigideira funda com água fervente e sal e deixe cozinhar por uns 5 minutos. Teste com um garfo para verificar o cozimento. Quando estiverem quase cozidos, acrescente os filés de robalo. Deixe ferver por mais 3 minutos e escorra. Retire primeiro os palmitos, depois com cuidado os filés de peixe.

Preparo do Coulis de Pimentão Amarelo:
1. Pique o pimentão e bata no liquidificador.
2. Junte o azeite aos poucos para formar uma emulsão.
3. Corrija o sal e acrescente a canela. Reserve.

Montagem:

Abra os palmitos ao meio, no sentido longitudinal, em cada prato. Vire a parte chata para o fundo do prato e coloque os filés por cima de cada 2 metades. Por cima, decore com o coulis de pimentão amarelo. Salpique com tomilho. Sirva quente em seguida.

Vinho: Caliterra Chardonnay Reserva – Robert Mondavi & Eduardo Chadwick – Chile (Vale Central) Expand Group – Sommelier: Paulo Nicolay

doenças antipáticas

Truta com Espinafre e Mostarda

400g de truta (2 filés de aproximadamente 200g)
1 colher de sopa de manteiga
1 cebola picada
100g de folhas de espinafre, frescas e cruas, lavadas
50ml de vinho branco seco (1 xícara de café)
60g de folhas de salsinha
20g de mostarda de Dijon (1 colher de sopa)
20g de creme de leite fresco
1 colher de sopa de suco de limão
sal e pimenta-do-reino a gosto

Utensílios Necessários:
panela a vapor, frigideira, panela pequena

Preparo:
1. Cozinhe os filés no vapor por 5 minutos.
2. Numa frigideira, coloque a manteiga e a cebola. Deixe suar. Acrescente o espinafre e depois o vinho. Mexa até que as folhas murchem. Reserve.
3. Ferva as folhas de salsinha e bata no liquidificador até obter um purê.
4. Numa panelinha, coloque a mostarda, o creme de leite e o purê de salsinha. Deixe ferver. Adicione o suco de limão, o sal e a pimenta.

Montagem:
No fundo do prato, arrume o espinafre, por cima os filés e o molho bem quente. Sirva imediatamente.

Vinho: Paço Teixeró Loureiro – Loureiro – Portugal (Vinho Verde) – Mistral Importadora – Sommelière: Marlene Alves de Souza

Risoto de Pato e Cogumelo Seco

2 coxas de pato (300g) previamente assadas
30g de cogumelos secos
50g de manteiga
1 cenoura pequena ralada
2 talos de aipo sem os fios picados
1 cebola pequena ralada
250g de arroz arbório
1/2 copo de vinho branco seco
1 litro a 1,5 litro aproximadamente de caldo de frango (ver DICAS)
2 colheres de sopa de queijo parmesão ralado de boa qualidade
2 colheres de sopa de tomilho fresco picado

Preparo:
1. Desfie as coxas de pato e descarte as peles.
2. Lave bem os cogumelos secos eliminando a terra. Reidrate-os por 2 horas em água morna.
3. Numa panela, coloque a manteiga, a cenoura, o aipo e a cebola. Deixe amolecer em fogo médio.
4. Junte o arroz e mexa. Deixe tomar gosto no refogado por 1 minuto. Adicione o vinho branco e deixe evaporar, sempre mexendo.
5. Coloque a carne de pato e os cogumelos, mexendo sempre em fogo médio. Comece então a adicionar o caldo de frango aos poucos, aproximadamente 100ml por vez, sempre mexendo até ser absorvido pelo arroz; só então coloque mais caldo até que o arroz complete seu cozimento. O arroz deve ficar al dente, mas com consistência bem cremosa. Retire do fogo.
6. Junte o parmesão e o tomilho. Misture bem e sirva quente.

Vinho: Bin 28 Kalimna Shiraz – Penfolds – Austrália – Mistral Importadora – Nuits St.Georges – França (Borgonha) – Expand Group Brasil – Sommelière: Marlene Alves de Souza

doenças antipáticas

Acompanhamento

Suflê de Brócolis

300g de brócolis (apenas as flores)
sal a gosto
2 ovos
100g de molho branco
1 pitada de noz-moscada
pimenta-do-reino a gosto
1 clara
1 colher de sopa de manteiga
1 colher de sopa de farinha de rosca

Dica: Pode ser usado o molho branco pronto.

Utensílios Necessários:
escorredor, processador de alimentos, batedor de ovos, 3 forminhas individuais

Preparo:
1. Cozinhe rapidamente o brócolis em água e sal. Escorra. Passe pelo processador rapidamente.
2. Num recipiente, coloque os 2 ovos, o brócolis processado, o molho branco, a noz-moscada e a pimenta. Misture tudo muito bem.
3. Aqueça o forno a 180°C.
4. Bata a clara em neve e incorpore delicadamente à mistura.
5. Unte com manteiga e farinha de rosca 3 forminhas individuais. Despeje a mistura e leve ao forno por aproximadamente 15 minutos. O suflê deve ficar dourado na superfície. Sirva a seguir.

Sobremesas

Biscoitinhos de Pasta de Amendoim e Soja

100g de farinha de soja
60g de farinha de trigo
1 colher de chá de fermento em pó
4 colheres de sopa de margarina
150g de açúcar mascavo
1 ovo batido
100g de pasta de amendoim
1 colher de chá de essência de baunilha

Utensílio Necessário:

assadeira

Preparo:

1. Misture as farinhas com o fermento. Adicione a margarina, o açúcar, o ovo, a pasta de amendoim e a baunilha. Misture bem a massa.
2. Faça bolinhas e coloque-as numa assadeira untada com margarina enfarinhada. Achate-as com a mão para formar cookies.
3. Asse por 10 minutos em forno preaquecido a 180°C. As bolachinhas devem ficar coradas.

doenças antipáticas

Bolo de Iogurte

1 xícara de chá de farinha de trigo
1 xícara de chá de açúcar
2 ovos (claras e gemas separadas)
1/4 de xícara de óleo de soja
1/4 de colher de chá de bicarbonato de sódio
1/2 xícara de iogurte natural
casca de limão ralada a gosto
1 colher de sopa de fermento em pó
3 colheres de sopa de damasco picado
3 colheres de sopa de nozes picadas
3 colheres de sopa de tâmaras picadas
açúcar de confeiteiro e casca de limão ralada, para decorar

Utensílios Necessários:
forma de 18cm de diâmetro ou retangular pequena, batedor de ovos, peneira

Preparo:
1. Aqueça o forno a 190ºC. Unte e enfarinhe uma forma.
2. Bata o açúcar e as gemas até formar um creme. Acrescente o óleo aos poucos. Reserve.
3. Adicione o bicarbonato ao iogurte. Junte o iogurte à casca de limão e à gema de ovo já batida com o açúcar.
4. Peneire a farinha de trigo com o fermento e junte à mistura levemente.
5. Bata as claras em neve e misture delicadamente.
6. Adicione as frutas secas picadas e misture levemente.
7. Coloque a massa na forma. Leve ao forno (40 a 45 minutos) até crescer e ficar sequinha. Retire do forno e desenforme o bolo. Deixe esfriar e polvilhe com açúcar de confeiteiro e casca de limão.

Estresse

Vivemos numa época em que o estresse vem a ser o nosso inimigo do dia-a-dia, acelerando o processo de envelhecimento e tornando o organismo mais suscetível às doenças.

O estresse faz parte da vida e é imprescindível em ocasiões de perigo, quando prepara o organismo para a luta e para a defesa. Nessas oportunidades é benéfico, porque libera diversos hormônios no momento certo. Entretanto, o estresse em excesso ou contínuo representa um grande risco para a saúde.

Viver sob estresse traz malefícios não só para a mente como também para o corpo. O estresse intenso e crônico faz com que as células nervosas trabalhem em excesso e pode causar danos cerebrais com perda significativa de memória por causa do chamado estresse oxidativo cerebral. O estresse oxidativo é uma reação química que provoca a liberação de radicais livres. Essas reações se desenrolam em todos os setores do organismo quando este se encontra sob estresse e causam inúmeras alterações no corpo humano.

É conveniente, portanto, além de procurar eliminar alguns fatores de estresse, saber administrá-lo melhor e adotar uma nutrição rica em alimentos que contenham aminoácidos essenciais e substâncias antioxidantes que combatam os radicais livres liberados em profusão pelo estresse.

Os sintomas do estresse crônico ou distresse são os mais diversos e mostram que vários setores do organismo estão sofrendo alterações importantes. Os primeiros sintomas são irritabilidade e alterações do sono. A pessoa com estresse sente sono, visto que o estresse cansa muito, mas tem dificuldade em adormecer por completo – ou quando se deita, dorme quase de imediato, mas poucas horas depois desperta e não mais consegue conciliar o sono. Em geral, a pessoa se sente sempre muito cansada, parecendo sofrer da síndrome da fadiga crônica. As dores musculares, as dores de estômago, as alterações de pele, a queda dos cabelos, a impotência e a falta de libido, a bulimia e/ou anorexia são sintomas comuns aos estressados.

Há uma forte tendência em algumas pessoas a apresentar depressão e problemas de relacionamento como conseqüência do estresse. Crises conjugais constantes, por exemplo, tendem a ocasionar um estresse continuado pela falta de serotonina, que é o hormônio do bem-estar e do prazer.

Os padrões de comportamento emocional e de personalidade têm grande importância na maior ou menor predisposição pessoal ao estresse. Os pesquisadores Friedman e Rosenman, por meio de testes psicológicos, classificaram as pessoas segundo seu padrão de comportamento em dois tipos básicos: A e B. Os indivíduos que pertencem ao grupo A possuem uma personalidade muito competitiva, são mais irritáveis e agressivos e sempre se colocam em situações sujeitas a imposições de tempo. Por isso, sentem com mais facilidade cansaço e exaustão, uma vez que trabalham intensamente, mas nunca estão satisfeitos com as suas realizações, porque colocam a sua ambição acima daquilo que obtêm.

Segundo esses pesquisadores, o padrão de comportamento tem origem genética e constitucional, mas também é influenciado pelas condições ambientais. Portanto, as causas exógenas do estresse encontram maior receptividade em pessoas do tipo A, que apresentam maior predisposição a doenças cardiovasculares, em especial à hipertensão arterial.

doenças antipáticas

A vida moderna causa uma série de situações estressantes, para as quais as pessoas muitas vezes não se encontram emocionalmente preparadas. São fatores socioeconômicos, como problemas financeiros e dificuldades de emprego, e os ambientais, como as brigas familiares e a violência, que podem causar o estresse patológico, também chamado de distresse. O estresse agudo (benéfico) é uma reação natural do organismo frente a uma agressão. Todo organismo reage às ameaças externas se preparando para uma reação de luta ou de fuga. A reação reflexa imediata consiste em uma descarga de adrenalina na corrente sanguínea. Tal descarga provoca reações como a vasoconstrição periférica, quando as arteríolas da superfície do corpo se contraem e o indivíduo fica pálido, o que tem como finalidade diminuir eventuais sangramentos quando houver ferimento. Outra finalidade dessa descarga é acumular sangue nos músculos e nos órgãos mais importantes, como no coração, quando ocasiona o aumento da velocidade e da intensidade dos batimentos cardíacos, proporcionando maior circulação de sangue em todo o organismo – o que o prepara para a reação de luta ou de fuga. Além disso, ocorrem a aceleração da respiração, a liberação de grandes quantidades de açúcar pelo fígado e o aumento da capacidade de coagulação do sangue. Essas reações têm como finalidade preparar o organismo para enfrentar as situações de perigo.

Basicamente, existem duas formas de se reagir ao perigo, à luta ou à fuga. O sangue circula mais rapidamente e irriga principalmente os músculos, deixando-os prontos para entrar em ação. Essa vasoconstrição – que é um estreitamento do calibre das artérias e arteríolas – pode ser perigosa em uma pessoa com obstrução parcial de alguma artéria, o que causaria sério distúrbio cardiovascular, particularmente um ataque cardíaco ou um derrame cerebral. A aceleração da respiração favorece a oxigenação do sangue e provoca a sensação de falta de ar, também bastante comum em situações de medo; e o açúcar liberado pelo fígado serve de combustível para os músculos. Tudo isso prepara o organismo para um esforço extra destinado a enfrentar uma situação de perigo. Essa reação orgânica, denominada "reação de emergência", também ocorre em outras situações, que exigem do organismo um esforço extraordinário, como em competições esportivas.

Todo esse mecanismo ocorre muito rapidamente e de uma forma autônoma, que não é comandada pela razão. Pode-se dizer que o medo é a emoção que acompanha a reação animal de luta ou de fuga, desencadeada pela percepção de algum perigo real. Com isso, a pessoa ou o animal fica tenso, em estado de alerta, com as pupilas dilatadas, pronto para a descarga energética que se aproxima.

A dificuldade entre nós civilizados decorre do fato de que, na maioria das vezes, essa preparação se frustra, a pessoa reprime seus sentimentos e procura evitar reagir. Toda essa energia acumulada não é descarregada. Ela se transforma em energia negativa, perturbando as funções orgânicas e desequilibrando o delicado sistema hormonal. Isso pode desencadear uma série de alterações no organismo, como a hipertensão arterial e outras doenças denominadas psicossomáticas. O estresse crônico libera uma substância – o cortisol – que, em doses acima do normal, provoca a redução das defesas imunológicas, gerando o aparecimento de doenças que vão desde uma gripe a sérias infecções ou mesmo o câncer.

Como o estresse faz parte da vida, é importante que se esteja preparado para conviver com ele. Para isso, é necessário que se desenvolvam técnicas para administrá-lo:

Alimentação ideal

A alimentação no período de estresse é muito importante. O triptofano é um aminoácido essencial que age como precursor da serotonina, importante no controle dos processos depressivos, que geralmente estão associados ao estresse. A alimentação deve ser rica nesse aminoácido, assim como em vitaminas do complexo B, sobretudo a B6, e a vitamina C.

As melhores fontes são: carne bovina, frango, peixe, peru, queijo (mozarela, prato, provolone), requeijão, ricota, iogurte, castanha-de-caju, castanha-do-pará, amêndoa, amendoim, nozes, abacate, banana, abacaxi, uva, caqui, tâmara, maçã, pêra, melancia, morango, goiaba, manga, mamão, laranja, tangerina, batata-doce, batata inglesa, berinjela, feijão e ervilha.

Dicas importantes para portadores de estresse:

Uma outra arma contra o estresse são os exercícios de relaxamento. Existem muitas formas de relaxamento, todas baseadas no fato de que, para relaxar o corpo, é preciso relaxar a mente. Uma das formas mais utilizadas de relaxamento mental consiste na meditação. Existem outras formas de relaxamento, como a massoterapia – que envolve massagens –, entre elas o shiatsu, uma técnica japonesa milenar que leva em conta a teoria dos meridianos corporais; o *watsu*, que é o shiatsu realizado dentro da água – feito de preferência em piscina aquecida – e o do-in. O *tai chi chuan* também é uma prática muito relaxante. O exercício físico e a prática de esportes não competitivos são excelentes meios de se canalizarem as tensões e relaxar.

- Saber dizer não, principalmente para si mesmo.
- Evitar tentar fazer tudo ao mesmo tempo.
- Praticar exercícios físicos que relaxem e proporcionem uma sensação agradável de bem-estar pela produção de endorfinas.

- Não se apressar; chegar antes da hora aos encontros; levar algo para ler ou para fazer enquanto se espera (um dos maiores prazeres da vida é a leitura).
- Procurar descobrir o que mais lhe gera tensão e mudar de atitude.
- Não aceitar compromissos e incumbências desagradáveis.
- Ter cuidado ao aceitar compromissos futuros; muitas vezes a pessoa se dá conta de que aceitou um compromisso simplesmente porque, como era agendado para muitos meses à frente, achava que poderia cumpri-lo e, quando chega o momento de enfrentar a obrigação assumida, percebe que criou uma armadilha para si mesma.
- Ser otimista mesmo em momentos difíceis, procurando buscar o lado bom das situações.
- Administrar a inveja, pois ela causa forte estresse. Para isso, é fundamental admitir que ela existe. Às vezes, não se percebe a emoção negativa que invade o subconsciente ao usufruir dos prazeres que um amigo rico pode proporcionar. O normal é aceitar essas situações com tranqüilidade, porém muitas vezes isso não costuma acontecer com as pessoas muito competitivas.
- Evitar a companhia de pessoas das quais não se gosta, principalmente parentes ou conhecidos desagradáveis.
- Ter cuidado com o fim de semana. É importante saber selecionar o lazer.
- Procurar comer devagar, mastigando lentamente, sem se envolver com preocupações e negócios durante as refeições.
- Tirar férias regularmente, com duração adequada à própria personalidade e às necessidades individuais. Há pessoas que gostam de longas férias enquanto outras preferem tirar férias curtas e mais freqüentes.

Outras dicas:

• Fazer um balanço do dia, observando que, por vezes, as pessoas exageram a importância, a urgência e o caráter imprescindível de certas providências.

• Controlar a raiva, tentando ver o ponto de vista do outro. Dar um tempo, respirar fundo, "contar até dez".

• Não se envolver em entreveros com desconhecidos no trânsito, evitar áreas congestionadas e a hora do *rush*.

• Sempre se perguntar se é preciso ser tão competitivo e tão bem-sucedido.

• Não cobrar resultados positivos em todas as suas áreas de atuação e na vida em geral.

• Procurar ter repouso suficiente: dormir bem é fundamental.

• Praticar relaxamento e/ou meditação.

Estresse

Entradas

Bruschetta de Ricota, Abacaxi e Peito de Peru Defumado

100g de ricota passada na peneira
1 colher de chá de sal
100g de peito de peru defumado picado
1 fatia de abacaxi fresco picado
2 colheres de sopa de manjericão picado
4 fatias de pão italiano
3 colheres de sopa de azeite

Para Decorar:
tomatinhos-cereja
raminhos de salsa crespa
castanhas-de-caju (opcional)

Utensílios Necessários:
peneira, assadeira

Preparo:
1. Misture a ricota, o sal, o peito de peru, o abacaxi e o manjericão.
2. Numa assadeira, coloque as fatias de pão regadas com 1 fio de azeite. Quando estiver começando a dourar, retire do forno e espalhe a pasta de ricota por cima.
3. Enfeite com os tomatinhos e a salsa crespa. Se gostar, salpique também algumas castanhas-de-caju picadas por cima.

Salada Salgada de Peras e Framboesas ou Morangos

1 raminho de tomilho fresco picado
1 mão-cheia de folhas de rúcula baby
2 colheres de sopa de azeite
sal a gosto
1 colher de sopa de vinagre balsâmico
pimenta-do-reino a gosto (opcional)
4 colheres de sopa de framboesas ou morangos amassados com garfo
3 peras maduras cortadas em fatias finas
2 colheres de sopa de nozes picadas

Preparo:
1. Misture o tomilho e as folhas de rúcula. Tempere com azeite, sal, vinagre balsâmico e pimenta.
2. Coloque as framboesas por cima das ervas e folhas temperadas e depois arrume as fatias de pêra. Salpique as nozes picadas por cima.

Creme de Feijão-Branco

200g de feijão-branco
150ml de leite
sal a gosto
1 cenoura cortada em cubinhos
2 talos de aipo sem os fios cortados em cubinhos
50g de ervilha fresca
100ml de creme de leite
2 fatias de pão de forma integral cortado em cubinhos
50g de manteiga sem sal

Utensílios Necessários:
peneira, escorredor

Preparo:
1. Deixe o feijão de molho por 12 horas. Cozinhe-o por 1 hora em bastante água. Passe pela peneira e reserve a água do cozimento.
2. Coloque numa panela o purê de feijão com o leite e 200ml da água do cozimento. Tempere com sal. Cozinhe em fogo baixo por 10 minutos, mexendo e retirando a espuma que se forma na superfície.
3. Numa outra panela, cozinhe em água e sal a cenoura, o aipo e a ervilha. Escorra e reserve.
4. Junte os legumes ao creme de feijão. Esquente bem. Por fim, adicione o creme de leite.
5. Torre os cubinhos de pão com a manteiga.
6. Sirva o creme de feijão-branco bem quente com os cubinhos de pão por cima.

doenças antipáticas

Meia-Lua do Oriente

2 berinjelas médias descascadas e cortadas em cubos
sal a gosto
1 colher de sopa de azeite
1 cebola pequena ralada
1 colher de café de canela
1 colher de sopa rasa de tomilho fresco picado
pimenta-do-reino a gosto
4 folhas de papel de arroz pequenas
1 colher de sopa de manteiga sem sal amolecida
50g de queijo parmesão ralado

Dica: As folhas de papel de arroz (tamanho pequeno) são encontradas em lojas de produtos alimentícios orientais.

Utensílios Necessários:

escorredor, processador de alimentos, pano limpo, frigideira antiaderente

Preparo:

1. Deixe as berinjelas em um escorredor, polvilhadas com uma colher de chá de sal, por 30 minutos.
2. Numa panela, coloque o azeite e a cebola. Deixe dourar. Adicione a berinjela. Tampe e deixe cozinhar em fogo baixo. Quando estiver bem macia, retire do fogo.
3. Acrescente a canela, o tomilho e corrija o sal. Se desejar, adicione pimenta. Deixe esfriar e passe pelo processador rapidamente.
4. Molhe as folhas de papel de arroz, uma a uma, em água fria e filtrada. Espere 1 minuto até que amoleça e fique esbranquiçada. Coloque aberta em cima de um pano limpo.
5. Divida o recheio em 4 partes iguais (uma para cada folha de papel de arroz). Recheie com a berinjela e dobre ao meio formando uma meia-lua. Recorte um pouco da beirada para não ficar muito grande; aproximadamente 3cm da extremidade para dentro.

6. Na frigideira, coloque a manteiga e em seguida as meias-luas para dourar e ficar crocante de ambos os lados.
7. Sirva quente polvilhadas com o parmesão.

Vinho: Rupestro (castas: sangiovese, montepulciano, canaiolo) – Itália (Umbria) – Sommelier: Guilherme Corrêa

doenças antipáticas

Pratos Principais

Codorna Desossada e Recheada com Três Cogumelos

Para a Codorna:
2 codornas desossadas
1 copo de vinho branco seco
1 ramo de alecrim
sal e pimenta-do-reino a gosto

Para o Recheio:
50g de shiitake picado
50g de cogumelo-de-paris picado
150g de shimeji picado
2 colheres de sopa de azeite ou óleo vegetal
100g de cenoura picada ou ralada
10g de aipo picado
100g de cebola picada
sal a gosto
50g de uva-passa branca

Utensílios Necessários:
palito ou linha grossa, papel-alumínio

Preparo da Codorna:
1. Deixe as codornas marinando no vinho com o alecrim, o sal e a pimenta.
2. Recheie as codornas, fechando as aberturas com um palito ou costure com uma linha grossa.
3. Leve ao forno médio por aproximadamente 45 minutos, cobertas com papel-alumínio. Regue aos poucos com o vinho do tempero.
4. Quando a carne estiver cozida, retire o papel-alumínio e deixe dourar. Pode ser servida inteira ou fatiada.

Preparo do Recheio:

1. Refogue os cogumelos com azeite, cenoura, aipo e cebola. Deixe cozinhar por aproximadamente 5 minutos. Corrija o sal.
2. Deixe esfriar e junte a uva-passa.

Sugestão de Acompanhamento:
Purê de castanhas portuguesas.

Vinho: Plansel (castas: tinta roriz, touriga nacional, tinta caiada, cabernet sauvignon) – Plansel – Portugal (Alentejo) – Decanter – Espírito do Vinho – Sommelier: Guilherme Corrêa

doenças antipáticas

Peito de Chester com Uvas Verdes e Rosadas

Para o Peito de Chester:
1/2kg de peito de chester
50g de cebola ralada
1 ramo de alecrim
2 folhas de louro
3 folhas de sálvia
1 copo de vinho branco seco
sal a gosto

Para o Molho de Uvas:
1 copo de suco de maçã
2 colheres de sopa de suco de limão-siciliano
2 colheres de sopa de manjericão picado
150g de uva verde e rosada sem caroço, cortadas ao meio

Utensílios Necessários:
assadeira, papel-alumínio

Preparo do Peito de Chester:
1. Deixe o peito do chester marinando com os outros ingredientes no mínimo 2 horas antes de assar.
2. Coloque numa assadeira e leve ao forno quente coberto com papel-alumínio e o líquido da marinada. Asse por 40 minutos aproximadamente.
3. Retire o papel-alumínio. Deixe dourar. Retire o peito de chester do forno e sirva com o molho de uvas.

Preparo do Molho de Uvas:
Numa panela, ferva o suco de maçã, o suco de limão, o manjericão e as uvas. Deixe engrossar ligeiramente, fervendo por 5 minutos.

Vinho: Merlot Reserva Expresión – Villard – Chile (Maipo) – Decanter – Espírito do Vinho – Sommelier: Guilherme Corrêa

Filé-Mignon Recheado

1/2 xícara de feijão-fradinho
sal a gosto
1 talo de aipo
1/2kg de filé-mignon (pedaço inteiro)
pimenta-do-reino a gosto
1 xícara de ricota amassada e passada na peneira
1/2 xícara de castanha-de-caju picada
1 ovo
50g de queijo provolone cortado em cubinhos de 1cm
1 cebola pequena ralada
1 maçã deliciosa sem casca cortada em cubinhos de 1cm
2 colheres de sopa de óleo vegetal
2 copos de suco de laranja
2 colheres de sopa de alecrim picado

Utensílios Necessários:
peneira, barbante de algodão

Preparo:
1. Deixe de molho o feijão-fradinho e depois cozinhe na água com sal e um talo de aipo.
2. Abra o pedaço de carne ao meio no sentido longitudinal, sem deixar que os lados se separem (não corte até o fim). Com as mãos, aperte bem as metades para que se achatem. Tempere com sal e pimenta. Reserve.
3. Misture a ricota com o feijão, a castanha, o ovo, o provolone, a cebola e a maçã. Corrija o sal.
4. Espalhe a mistura sobre o pedaço de carne, cobrindo uniformemente toda a superfície.
5. Enrole cuidadosamente como um rocambole no sentido da parte mais larga. Amarre esse rocambole com barbante de algodão e leve ao fogo para dourar em uma panela com óleo vegetal. Doure ambos os lados.

6. Abaixe o fogo e regue com o suco de laranja durante o cozimento. Reserve esse reduzido para servir como molho. Quando estiver pronto, corte em fatias de 1cm de largura e sirva quente. Salpique com o alecrim.

Sugestão de Acompanhamento:
Banana-da-terra assada e arroz integral.

Vinho: Malbec DOC – Luigi Bosca – Argentina (Luján de Cuyo e Maipo) – Decanter – Sommelier: Guilherme Corrêa

Pudim Salgado de Cabelinho-de-Anjo e Frango

200g de macarrão tipo cabelinho-de-anjo
2 ovos
200g de peito de frango cozido desfiado (ou sobras de frango assado)
1/2 xícara de cubinhos de mozarela
1/2 xícara de damasco seco picadinho
3 colheres de sopa de manjericão picado
1 pitada de noz-moscada
sal e pimenta-do-reino a gosto
2 colheres de sopa de óleo ou manteiga
2 colheres de sopa de farinha de rosca
2 colheres de sopa de queijo parmesão ralado

Utensílios Necessários:
batedor de ovos, forma refratária

Preparo:
1. Cozinhe o cabelinho-de-anjo al dente em bastante água com sal.
2. Num recipiente, bata os ovos.
3. Acrescente o frango, a mozarela, o damasco, o manjericão, a noz-moscada, o sal e a pimenta e, por último, o cabelinho-de-anjo. Misture bem.
4. Leve ao forno em forma refratária untada com óleo ou manteiga; por cima espalhe a farinha de rosca e o parmesão. Quando estiver dourada e firme, estará pronta (aproximadamente 20 minutos). Sirva quente ou fria.

Sugestão de Acompanhamento:
Salada verde.

Vinho: Sauvignon Blanc Reserva Expresión – Villard – Chile (Casablanca) – Decanter – Sommelier: Guilherme Corrêa

doenças antipáticas

Espetinhos de Peixe

Para o Espetinho de Peixe:
1 dente de alho picado
1 pitada de pimenta-do-reino
2 colheres de sopa de vinagre de vinho tinto
1 pitada de cominho em pó
1 colher de sopa de suco de limão
400g de peixe branco de carne firme cortado em cubos de 2cm
1 colher de sopa de azeite
folhas de manjericão picado, para decorar

Para o Molho:
1 cebola pequena moída
1 pimentão vermelho triturado
1 colher de sopa de azeite
1 xícara de caldo de peixe (ver DICAS)
1 colher de sobremesa de amido de milho

Utensílios Necessários:
espetinhos de madeira, triturador, frigideira antiaderente

Preparo do Espetinho de Peixe:
1. *Junte os temperos e deixe tomar gosto por 5 minutos.*
2. *Espete os cubos de peixe nos espetinhos de madeira e frite-os na frigideira com o azeite; vire de ambos os lados. Reserve em lugar quente.*

Preparo do Molho:
1. *Frite a cebola e o pimentão com o azeite.*
2. *Junte o caldo de peixe.*
3. *Dissolva o amido de milho em um pouquinho de água fria e junte aos outros ingredientes. Deixe ferver mexendo até adensar.*

Montagem:
Na hora de servir, coloque o molho em cima dos espetinhos e enfeite com folhas de manjericão.

Sugestão de Acompanhamento:
Arroz branco e fatias de caqui grelhado.

Delícia de Camarão e Quinoa

Para a Delícia de Camarão e Quinoa:
250g de quinoa*
5 colheres de sopa de azeite
1 cebola grande picada
1 dente de alho amassado
50g de bacon picado
150g de cogumelos fatiados finos
1/2 xícara de vinho branco
2 colheres de sopa de creme de leite bem grosso
1/2 xícara de caldo de camarão ou peixe
1 colher de sopa de óleo vegetal

Para o Molho de Camarões:
1 colher de sopa de manteiga sem sal
1 dúzia de camarões médios frescos
sal a gosto
1 xícara de creme de leite fresco
1 colher de sobremesa de pimenta-dedo-de-moça fresca picada sem as sementes

Para Decorar:
queijo parmesão ralado grosso a gosto
folhas de agrião

Utensílios Necessários:
escorredor, tabuleiro, formas individuais ou forma única

Preparo da Delícia de Camarão e Quinoa:
1. Lave bem a quinoa até que a água fique transparente. Ferva de 7 a 10 minutos. Deve ficar al dente. Escorra. Espalhe num tabuleiro e deixe secar.
2. Em uma frigideira, esquente o azeite, a cebola e o alho.
3. Adicione o bacon, deixe derreter um pouco a gordura e junte os cogumelos. Cozinhe por 2 minutos.

4. Acrescente a quinoa, o vinho, o creme de leite e o caldo. Mexa bem e cozinhe por mais uns 5 minutos em fogo médio. Enforme em formas individuais untadas com óleo vegetal ou em uma única forma.

Preparo do Molho de Camarões:
1. Numa frigideira, coloque a manteiga, junte os camarões e salteie por uns minutos.
2. Tempere com sal, adicione o creme de leite e a pimenta. Deixe reduzir alguns minutos.

Montagem:
Coloque o molho de camarões sobre a quinoa desenformada. Polvilhe o parmesão por cima. Enfeite com folhas de agrião.

Vinho: Família Zuccardi Q Chardonnay – Argentina – Importador Expand - Sommelière: Marlene Alves de Souza

*Cereal dos incas, riquíssimo em proteínas e vitaminas e muito versátil. Pode ser usado no café-da-manhã ou até mesmo num elegante jantar.

doenças antipáticas

Acompanhamento
Purê de Castanhas Portuguesas

1 colher de sopa rasa de manteiga sem sal
1 colher de sopa rasa de cebola picada
1 1/2 xícara de castanhas portuguesas, sem casca e já cozidas
1/2 xícara de vinho do Porto ou similar
2 colheres de sopa de tomilho fresco picado
1 xícara de creme de leite fresco batido (250ml)
sal e pimenta-do-reino moída na hora, a gosto

Utensílio Necessário:
triturador de alimentos ou peneira

Preparo:
1. Numa panela, derreta a manteiga, junte a cebola e, em fogo baixo, deixe suar.
2. Adicione as castanhas e o vinho do Porto. Deixe ferver por 3 minutos em fogo baixo.
3. Coloque o tomilho e deixe esfriar. Passe pelo triturador ou peneira. Leve de volta para a panela para esquentar.
4. Junte o creme de leite batido, misture, corrija o sal e, se gostar, acrescente a pimenta. Sirva quente.

Sobremesas

Compota de Frutas e Mel

1 maçã verde fresca, sem casca, cortada em cubinhos de 1cm
6 tâmaras
6 figos secos
6 damascos secos
1 pauzinho de canela
1 anis-estrelado
50ml de mel (1 xícara de café)
50ml de vinho branco (1 xícara de café)
1/2 litro de água

Preparo:

1. Coloque todas as frutas em uma panela com a canela, o anis-estrelado, o mel, o vinho e cubra com a água.
2. Leve ao fogo para ferver por aproximadamente 10 minutos. Quando as frutas estiverem macias, estará pronto. Deixe esfriar.

Sugestão de Acompanhamento:

Sorvete de creme ou biscoitinhos de amêndoas.

Torta de Chocolate Trufada

1 colher de sopa de óleo vegetal
1/2 xícara de manteiga sem sal
1/2 xícara de cacau em pó
1/2 xícara + 1 colher de sopa de açúcar de confeiteiro
2 colheres de sopa de essência de baunilha
1 colher de sobremesa rasa de farinha de trigo
2 ovos separados
1/2 xícara de creme de leite fresco (125ml)

Utensílios Necessários:
forma pequena com um buraco no meio, batedor de ovos

Preparo:
1. Aqueça o forno a 180°C.
2. Unte com óleo vegetal uma forma pequena com um buraco no meio.
3. Derreta a manteiga em banho-maria. Ainda no banho-maria junte o cacau e 1/2 xícara de açúcar. Mexa bem e retire do fogo. Deixe esfriar.
4. Adicione a baunilha e a farinha de trigo.
5. Junte as gemas (uma de cada vez), misturando bem entre uma adição e outra.
6. Bata as claras em neve e acrescente 1 colher de sopa de açúcar. Junte às gemas.
7. Coloque a massa na forma untada e leve ao forno por 10 minutos aproximadamente; o centro deve estar mole e as extremidades, mais firmes. Deixe esfriar e só depois desenforme. Refrigere por no mínimo 6 horas.
8. Bata o creme de leite em ponto de chantilly e sirva com a torta.

Vinho: *Porto Tawny Warrés – Quinta de Santa Bárbara – Portugal (Douro) – Decanter / Espírito do Vinho – Sommelier: Guilherme Corrêa*

Cheese Cake Pudim com Calda de Goiaba

Para o Cheese Cake Pudim:
1 lata de leite condensado
5 ovos
1 caixa de queijo Philadelphia
2 medidas da lata de leite condensado de leite de vaca
casca de 1 limão-siciliano ralada
suco desse limão
manteiga para untar
2 colheres de sopa de farinha

Para a Calda de Goiaba:
4 goiabas vermelhas frescas, bem maduras, sem casca e sem semente
1/2 copo de água
4 colheres de sopa de açúcar de confeiteiro

Utensílios Necessários:
liquidificador, forma

Preparo do Cheese Cake Pudim:
1. Bata tudo no liquidificador e coloque na forma untada com manteiga e enfarinhada.
2. Asse em banho-maria, em forno médio, até ficar firme nas bordas e cremoso no centro.
3. Retire e leve à geladeira por 4 horas.
4. Na hora de servir, desenforme o pudim e sirva com a calda por cima.

Preparo da Calda de Goiaba:
Bata as goiabas no liquidificador com a água e o açúcar.

Receitas Básicas

Arroz Pilaf

2 xícaras de água
sal a gosto
1 cebola pequena ralada
2 colheres de sopa de azeite
1 xícara de arroz branco lavado
3 colheres de sopa de queijo parmesão ralado (opcional)
3 folhas de sálvia picadas (opcional)

Utensílio Necessário:
escorredor

Preparo:
1. Em uma panela, ferva a água com o sal, a cebola e o azeite.
2. Junte o arroz. Deixe cozinhar em fogo brando até o arroz ficar macio. Escorra e sirva.
3. Se desejar, na hora de servir adicione o parmesão e a sálvia.

Rendimento: *2 porções*

doenças antipáticas

Caldo de Peixe

1kg de carcaça de peixe de carne branca (linguado, robalo ou cherne)
1 colher de sopa de azeite
50g de cebola, cenoura, aipo, erva-doce e alho-poró
30g de cogumelo-de-paris fresco
100ml de vinho branco seco
1,2 litro de água
sal e pimenta-do-reino a gosto

Utensílios Necessários:
panela grande, peneira bem fina

Preparo:
1. Lave as carcaças do peixe. Retire todo o sangue.
2. Na panela, acrescente o azeite, os vegetais e os cogumelos. Refogue-os.
3. Junte o peixe e o vinho branco. Deixe tomar gosto.
4. Acrescente a água e deixe ferver por uma hora em fogo médio. Passe em peneira bem fina. Deixe esfriar e remova toda a gordura que se formou sobre o caldo. Corrija o sal se necessário. Acrescente pimenta (opcional).

Dica: 1) Para retirar toda a gordura dos caldos, leve-os à geladeira por uma noite. A gordura se acumulará na superfície e será bem fácil retirá-la com uma colher. O caldo estará desengordurado. 2) O caldo de peixe pode ser congelado em porções da sua conveniência.

Caldo de Vegetais

2 litros de água
3 cenouras descascadas e picadas
2 cebolas descascadas e picadas
1 cabeça de funcho limpo e picado
5 talos de aipo
3 ramos de alecrim
1 colher de sopa rasa de sal
1 colher de sopa de pimenta-do-reino preta em grão
1 folha de louro

Utensílio Necessário:
coador

Preparo:
1. Numa panela, coloque a água para ferver com todos os ingredientes. Deixe ferver até reduzir à metade o volume do líquido. Não tampe a panela.
2. Coe o caldo e use.

doenças antipáticas

Caldo de Frango

1 frango de 1,5kg aproximadamente
3 litros de água
1 colher de sopa de sal
pimenta-do-reino a gosto
2 cebolas pequenas sem casca, partidas em 4
4 cenouras descascadas
4 talos de aipo com as folhas
3 galhos pequenos de alecrim fresco

Utensílio Necessário:
forminhas de gelo, coador

Preparo:
1. Limpe o frango. Retire a pele. Corte em 4 pedaços e leve para a panela.
2. Junte os demais ingredientes. Deixe ferver em fogo baixo por 2 horas.
3. Retire o frango e reserve para outros usos, como: recheios e croquetes. Coe o caldo e use.
4. O caldo de frango pode ser guardado congelado em forminhas de gelo ou em porções do tamanho que for mais conveniente.

Caldo de Carne

1kg de carne (acém, peito ou músculo) cortada em pedaços de tamanho médio
1 copo de vinho tinto seco
3 colheres de sopa de sal
10 grãos de pimenta-do-reino preta
1 folha de louro
1 cebola grande cortada em pedaços
1 pedaço de 2cm de gengibre fresco, descascado
3 cenouras descascadas
1 alho-poró lavado e grosseiramente picado
3 talos de aipo lavados
4,5 litros de água

Utensílios Necessários:
escumadeira, coador

Preparo:
1. Coloque todos os ingredientes em uma panela com a água. Leve para ferver em fogo baixo por 4 horas.
2. Com a escumadeira, vá retirando a espuma que se forma nas bordas.
3. Coe e use. Pode ser congelado.

Molho Perfumado de Tomate para Massas e Carne

2 colheres de sopa de azeite
1 dente de alho
2 cebolas pequenas cortadas em cubinhos
2 talos de aipo sem os fios cortados em cubinhos
50g de extrato de tomate
1/2 copo de vinho tinto seco de boa qualidade
1 copo de caldo de carne
5 tomates grandes sem pele e sem sementes passados no liquidificador
5 folhas de manjericão
1 folha de louro
2 cravos (opcional)

Utensílio Necessário:
liquidificador ou processador de alimentos

Preparo:
1. Refogue no azeite o alho, a cebola e o aipo. Quando a cebola estiver transparente, junte o extrato de tomate.
2. Depois adicione o vinho e o caldo de carne. Deixe reduzir por 5 minutos em fogo médio.
3. Junte o tomate, o manjericão, o louro e o cravo (opcional). Deixe reduzir por mais 5 a 10 minutos até ficar encorpado.

Molho Pesto

2 xícaras de manjericão fresco (só as folhas)
1/2 xícara de salsinha picada
sal a gosto
2 dentes de alho
3 colheres de sopa de parmesão ralado de ótima qualidade
pimenta-do-reino a gosto
1 1/2 xícara de azeite extravirgem
5 colheres de sopa de pinoli torrado

Utensílio Necessário:
lâmina de picar ervas (meia-lua em aço)

Preparo:
1. Coloque as ervas e o sal no moinho ou pique com a lâmina.
2. Junte o alho, o parmesão, o sal e a pimenta. Amasse bem e adicione o azeite.
3. Por fim, acrescente o pinoli.
4. Sirva o molho pesto sobre massas, risotos, carnes ou sopas.
Não aqueça esse molho diretamente no fogo.

Liquid Foods
Receitas

Estimulante

1 copo de leite integral gelado
1 colher de sopa de iogurte integral gelado
1 ovo orgânico inteiro
1 colher de sopa de mel
1 pitada de noz-moscada
1 pitada de canela em pó
1 colher de sopa de levedura de cerveja

Utensílio Necessário:
liquidificador

Preparo:
Bata todos os ingredientes até que o mel esteja dissolvido. Coloque em um copo gelado e beba imediatamente.

Obs.: Ideal para prevenção de tumores malignos e osteoporose.

Rendimento: 1 porção

Energizante

1 banana picada
3/4 de xícara de iogurte natural
1 colher de sopa de mel ou 15g de pólen de abelha
1 colher de chá de casca de limão-siciliano ralada sem a parte branca
1 colher de chá de canela em pó
8 cubos de gelo, que também podem ser preparados com água de coco ou leite de soja
1 colher de sopa de germe de trigo

Utensílio Necessário:
liquidificador

Preparo:
Bata todos os ingredientes e sirva imediatamente.

Obs.: Ideal para hipertensos, obesos e para retardar o envelhecimento.

Rendimento: 2 porções

Romântico

1 goiaba vermelha grande sem semente e sem casca
1/2 xícara de iogurte natural
1/2 xícara de creme de leite fresco
2 colheres de sopa de açúcar mascavo
2 colheres de sopa de suco de limão-siciliano
1/2 colher de chá de extrato de baunilha
1 xícara de cubos de gelo, que também podem ser preparados com água de coco ou leite de soja
1 colher de sopa de semente de linhaça
noz-moscada a gosto

Utensílio Necessário:
liquidificador

Preparo:
Bata até ficar cremoso. Sirva polvilhado com noz-moscada.

Obs.: Para estimular a libido.

Rendimento: 2 porções

doenças antipáticas

Relaxante

2 figos frescos lavados, descascados, de preferência, orgânicos
1 colher de sopa de mel ou 15g de pólen de abelha
1 xícara de iogurte de morango
8 cubos de gelo, que também podem ser preparados com água de coco ou leite de soja
3 colheres de sopa de nozes picadas

Utensílio Necessário:
liquidificador

Preparo:
Bata até ficar cremoso. Sirva nos copos com nozes picadas.

Obs.: Ideal para combater o estresse.

Rendimento: 2 porções

Para o Verão

1 manga tipo Haden descascada e picada
1 xícara de suco de pêssego
6 morangos
6 cubos de gelo, que também podem ser feitos com água de coco ou leite de soja
1 colher de sobremesa de germe de trigo
folhas de hortelã picadas, para decorar

Utensílio Necessário:
liquidificador

Preparo:
Bata até ficar cremoso. Sirva com folhas de hortelã.

Obs.: Indicado para prevenção e tratamento da arteriosclerose.

Rendimento: 2 porções

Para Sobremesa

1 xícara de sorvete de creme
4 cubos de gelo, que também podem ser preparados com água de coco ou leite de soja
1/4 de xícara de licor de menta
6 folhas de hortelã para decorar

Utensílio Necessário:
liquidificador

Preparo:
Bata até ficar cremoso. Sirva em copos baixos bem gelados com folhas de hortelã.

Obs.: Ideal para prevenção da osteoporose.

Rendimento: 2 porções

Para Sobremesa

10 lichias em calda geladas
1/3 de xícara de leite de coco gelado
1/2 xícara da calda das lichias
10 folhas de hortelã

Utensílio Necessário:
liquidificador

Preparo:
Bata até ficar cremoso. Sirva imediatamente.

Obs.: As lichias são encontradas em lojas de produtos orientais e nas feiras livres.

Rendimento: 2 porções

Para Aquecer
Chocolate Quente com Frangélico

100g de chocolate amargo ralado
4 colheres de sopa de licor Frangélico
200ml de leite integral fervendo
pauzinhos de canela

Utensílio Necessário:
ralador

Preparo:
Coloque o chocolate ralado no fundo de 2 copos e acrescente o licor. Depois, sobre o chocolate e o licor, adicione o leite fervendo. Aguarde 2 minutos e sirva com pauzinhos de canela para mexer.

Obs.: *Ideal para prevenção da osteoporose.*

Rendimento: *2 porções*

Para Hipertensão Arterial

1 cenoura média
suco de 1 laranja-lima
1 fatia de aproximadamente 2cm de 1 berinjela média
1 colher de sopa de mel, ou adoçante, ou açúcar mascavo
1 colher de sopa de semente de linhaça

Utensílio Necessário:
liquidificador

Preparo:
Bata até homogeneizar a mistura. Sirva em seguida. Beba diariamente.

Propriedades Medicinais do Vinho

O uso medicinal do vinho é uma prática que data de mais de dois mil anos. Importantes civilizações do mundo ocidental, como gregos e romanos, e do mundo oriental, como egípcios e indianos, utilizaram o vinho como remédio para o corpo e para a alma. Reconhecidos médicos da Antigüidade, como Hipócrates, Galeno e Celsius, exaltaram as propriedades medicinais do vinho e tinham uma interpretação razoavelmente correta dos seus mecanismos de ação. Entre as várias propriedades medicinais atribuídas ao vinho está a sua ação sobre o sistema cardiovascular, o que tem despertado interesse e polêmica, especialmente entre os amantes do vinho.

O processo de obtenção do vinho é, na verdade, bastante longo e sofisticado, passando por várias etapas. O vinho é uma bebida transformada em suco pela maceração da uva e em seguida fermentada. Classicamente, o vinho é definido como uma bebida resultante da fermentação alcoólica do mosto (suco) de uva, contendo geralmente de 10% a 15% de álcool.

A análise da literatura mostra que, em princípio, os efeitos do vinho sobre o sistema cardiovascular sempre foram atribuídos ao álcool. No entanto, com o avanço dos métodos de análise química, outras substâncias componentes do vinho foram descobertas e passaram a receber a atenção dos pesquisadores. É possível atribuir a algumas substâncias, como os oligoelementos, ações cardiovasculares benéficas do vinho.

Os estudos dos efeitos fisiológicos do álcool no aparelho cardiovascular mostram que, em doses moderadas, o álcool aumenta a freqüência e o débito cardíaco (volume de sangue ejetado pelo coração), produz ainda ligeiro aumento da pressão arterial sistólica e vasodilatação periférica. Em doses altas, atua como forte depressor do miocárdio (músculo cardíaco) e tem efeito tóxico direto sobre o coração, podendo até causar doença cardíaca (cardiopatia alcoólica). A ação do álcool como vasodilatador coronariano é discutida por alguns pesquisadores, mas há casos de crises de angina em que o álcool pode gerar alívio da dor sem, entretanto, modificar as alterações isquêmicas registradas no eletrocardiograma. Isso se deve, talvez, a um efeito depressor do álcool sobre o sistema nervoso central.

Vários estudos mundiais mostram relação entre o consumo moderado de álcool e a redução da incidência de doença cardíaca isquêmica, incluindo-se a aterosclerose coronariana, que causa a angina e o infarto do miocárdio. O consumo moderado, com pequenas variações, pode ser definido como sendo a ingestão máxima de 59,2 g de álcool por dia. Isso equivale a 394 ml (cerca de meia garrafa) de um vinho com 15% de álcool. Interessante salientar que vários pesquisadores verificaram que há maior incidência de doenças cardíacas isquêmicas em pessoas que haviam parado de beber há mais de dez anos e em abstêmios. Com relação ao consumo específico do vinho, o estudo feito por Saint Leger e colaboradores com populações de 18 países é importante. Eles verificaram que o número de mortes por doença cardíaca isquêmica na Europa é menor nos países consumidores de vinho, em especial na França. Observaram um aumento da incidência em certas regiões inversamente proporcional ao consumo de vinho dos habitantes da localidade. Uma grande pesquisa sobre o assunto, em 1995, destacou os efeitos do vinho em relação a outras bebidas alcoólicas. Realizada com 13 mil pessoas durante 12 anos por cientistas dinamarqueses do Copenhagen Heart Study, a pesquisa traz evidências de que as taxas de mortalidade diminuem mais entre pessoas que bebem vinho do que naquelas que tomam cerveja ou destilados.

Werth J. (1980), em estudo feito em todos os Estados norte-americanos, verificou que, no período de 1969 a 1978, o consumo de vinho aumentou 55%, e a taxa de mortalidade por doença cardíaca isquêmica caiu 22%.

Renaud S. e De Lorgeril (1992), em estudo da Organização Mundial de Saúde (OMS), evidenciaram que a incidência de doença cardiovascular isquêmica é menor na França do que em outros países industrializados, apesar de, naquele país, os fatores de risco (consumo de gordura saturada, nível de colesterol no sangue, pressão arterial, índice de massa corporal, tabagismo e sedentarismo) não serem menores. Esse fato foi designado pelos autores como o "paradoxo francês". Apesar do sucesso entre o público leigo, o "paradoxo" não obteve unanimidade na comunidade científica.

Alguns pesquisadores encontraram alta correlação positiva entre os níveis da fração HDL (colesterol bom) e a ingestão moderada e regular de vinho. Um trabalho bastante convincente acerca do efeito do consumo de vinho sobre as lipoproteínas plasmáticas foi realizado por Breier C. e Lisch H. J. (1984). Os autores estudaram um paciente portador de hipercolesterolemia familiar, sem sinais de aterosclerose precoce. O paciente apresentava alta concentração plasmática da lipoproteína HDL-2, atribuída ao efeito da ingestão de aproximadamente 400 ml de vinho diariamente. Além do efeito sobre os componentes gordurosos do plasma, o vinho também parece atuar na prevenção das doenças cardiovasculares pela interferência nos mecanismos da coagulação sanguínea.

Os oligoelementos contidos no vinho também têm efeitos benéficos. Esses elementos, cujas necessidades diárias para o homem são muito pequenas, em geral existem em quantidades igualmente pequenas nas suas fontes alimentares. No vinho, entretanto, eles existem em grandes quantidades. Entre eles destacam-se o cromo (Cr), o silício (Si), o sódio

(Na) e o potássio (K). Schroeder A. H. e colaboradores estudaram as propriedades biológicas do cromo e verificaram que ele atua no metabolismo da glicose e dos lipídios e é necessário à ação da insulina. Animais tratados com dieta deficiente em cromo tiveram diminuição da tolerância à glicose e desenvolvimento de um quadro moderado de diabetes. A administração de cromo aos animais evitou tais sintomas. Segundo os autores, pacientes diabéticos ou com distúrbio de tolerância à glicose tratados com cromo tiveram melhora, assim como a sua administração a pacientes com hipercolesterolemia provocou redução do colesterol. O silício, outro oligoelemento existente em quantidades significativas no vinho, atua no metabolismo do colesterol e há a hipótese, segundo Schwarz K. (1977), de que a ausência de silício contribua para a formação da aterosclerose. O silício se liga aos mucopolissacárides e ao colágeno e nas artérias com arteriosclerose há redução da sua concentração.

Os polifenóis, existentes em grandes quantidades na uva e no vinho, possuem ações antisséptica, antivirótica e protetora dos vasos sanguíneos, podendo prevenir as doenças vasculares e retardar o envelhecimento. Frankel E. N. e colaboradores (1993) demonstraram que os compostos fenólicos do vinho, em especial do vinho tinto, inibem as reações de oxidação da fração LDL do colesterol, que causam alterações tissulares, responsáveis pela formação de arteriosclerose e tromboses. Segundo os autores, essa ação antioxidante protetora dos compostos fenólicos poderia explicar o "paradoxo francês", não justificado apenas pela ação do álcool. Trabalhos científicos internacionais mostram que o vinho é superior a outras bebidas alcoólicas no efeito protetor contra as doenças cardiovasculares e os autores acreditam que esses efeitos benéficos podem ser, pelo menos em parte, atribuídos aos compostos do grupo dos fenóis, encontrados na uva e no vinho, a saber: os flavonóides (antocianinas, catequina, qüercetina etc.) e os não-flavonóides (ácidos fenólicos e taninos). Os pesquisadores afirmam que o principal papel dos compostos fenólicos é decorrente da sua ação antioxidante, especialmente contra a oxidação dos ácidos graxos, que resulta em formação de radicais livres (peróxido e hidroperóxido), responsáveis por fenômenos aterogênicos e de tromboses.

Mais recentemente foi descoberta na uva uma substância denominada resveratrol, que atua como fitoalexina e pertence ao grupo dos estilbenos. O resveratrol, um dos componentes do tanino, é uma substância encontrada na casca das uvas tintas. Essa substância seria responsável pela redução da viscosidade do sangue, além de impedir a arteriosclerose.

O vinho também ajuda a prevenir o câncer uma pesquisa feita por dois biólogos moleculares da Universidade da Carolina do Norte (EUA), publicada em junho de 2000, relata evidências de que a substância resveratrol pode controlar o mecanismo genético que auxilia a prevenção e o tratamento do câncer. A substância promove a morte das células cancerígenas por meio da inibição de uma proteína específica.

Há algum tempo os cientistas já suspeitavam dos poderes anticarcinogênicos da substância. Em 1997, um estudo com ratos, desenvolvido na Universidade de Illinois, em Chicago (EUA), demonstrou que o resveratrol reduzia em até 98% a incidência de câncer de pele nesses animais. Desde então, outros estudos foram conduzidos para verificar sua atuação em humanos, no câncer de cólon e no de mama.

Além dos efeitos sobre o aparelho cardiovascular, o consumo moderado de vinho pode atuar beneficamente no organismo conforme foi verificado em um estudo publicado na revista norte-americana Newsweek, em maio de 1999, demonstrando que o vinho ajuda a prevenir úlceras. O estudo, feito com 1.800 pessoas, mostrou os seguintes resultados: os que bebiam uma taça de vinho por dia tinham 7% menos bactérias causadoras de infecções gástricas (*Heliobacter pylori*); nos que bebiam duas taças por dia, a taxa de incidência bacteriana foi 18% menor; e os que consumiam mais de três taças diárias apresentaram 33% menos bactérias.

De um modo geral, os efeitos benéficos podem ser constatados pela melhora na qualidade de vida, pela ação relaxante no alívio das tensões, pela descontração e a redução do estresse, além de proporcionar prazeres sensoriais e ter alto valor nutritivo.

Estudos recentes de compostos protéicos encontrados no vinho podem explicar por que essa bebida possivelmente contribui para a prevenção do mal de Alzheimer. Foram descobertos pequenos péptides, presentes nos vinhos tintos e brancos, que inibem a enzima PEP, implicada no mal de Alzheimer. Em outros trabalhos, pesquisas francesas também sugerem que o consumo de vinho protege contra o mal de Alzheimer. Aqueles que consomem a bebida moderadamente têm uma taxa 75% menor de chance de desenvolver a doença do que abstêmios.

Decálogo da Boa Alimentação

1. Coma diariamente qualquer cereal ou vegetal que contenha amido.

2. Coma legumes e frutas em todas as refeições.

3. Dê preferência às folhas verde-escuras ou aos vegetais amarelo-escuros, pelo menos em uma refeição diária.

4. Coma pelo menos uma vez por dia frutas cítricas.

5. Ao alimentar-se de carne vermelha, prefira as magras; o frango deve ser sempre sem pele. De preferência, prepare-as grelhadas ou cozidas.

6. Coma peixe no mínimo três vezes por semana, preferencialmente grelhado, cozido ou em papillote.

7. Use moderadamente o sal, não se esqueça de que ele já existe em forma natural nos alimentos.

8. Não abuse do açúcar nem dos doces. Doces industrializados ou preparados com manteiga e ovos devem ser comidos eventualmente, somente em dias de festas importantes.

9. Coma em ambiente tranqüilo e agradável, sempre mastigando bem.

10. Evite ingerir muito líquido durante as refeições, sobretudo bebidas gaseificadas.

Dicas importantes:

• A base da alimentação deve consistir em cereais, massas, vegetais que contenham amido e pão (se você não for diabético).

• Use açúcar com moderação. Substitua-o sempre que possível por um adoçante artificial, de preferência variando-o de tempos em tempos.

• Acostume-se a comer com pouco sal. Não leve o saleiro à mesa.

• Procure fazer as refeições em horários regulares.

• Não fique longos períodos sem se alimentar.

• Escolha sempre alimentos de boa qualidade, de fornecedores de confiança e bem frescos.

• Nas saladas, dê preferência aos produtos orgânicos.

• Os laticínios devem ser consumidos com moderação, no máximo duas vezes por dia, e sempre obedecendo à recomendação de consumir leite desnatado, queijos brancos com pouco sal e laticínios tipo iogurte produzidos com baixo teor de gorduras.

• A gordura ideal é o azeite de oliva extravirgem, que deve ser utilizado nas saladas. Use o óleo de canola para cozinhar.

• Não se deve comer com pressa porque, em geral, quando o fazemos, consumimos alimentos de baixa qualidade nutritiva. Evite fast-food.

• Beba muita água ou líquidos de um modo geral nos intervalos das refeições.

• Aprenda a saborear os alimentos.

• Coma pouco e saboreie muito.

Referências Bibliográficas

BACH, G. R.; GOLDBERG, H. *Creative aggression*. Garden City, Nova York: Doubleday & Company, Inc., 1974.

BREIER, C; LISCH, H. J. *Distinct increase of plasma concentrations of high density lipoprotein-2 and pos-heparin lipolytic activity by constant moderate alcohol intake*. Schweiz Med Wochenschr, 1984; 114, pp. 1.930-2.

CARPER, J. *Pare de envelhecer agora!* Rio de Janeiro: Campus, 1995.

CHOPRA, D. *O caminho do mago*. Rio de Janeiro: Rocco, 1996.

COOPER, K. *Controlando o colesterol*. Rio de Janeiro: Nórdica, 1990.

FLANDRIN, J. L.; MONTANARI, M. *História da alimentação*. São Paulo: Estação Liberdade, 1998.

FRANKEL, E. N.; KANNER, J.; GERMAN, J. B.; PARKS, E.; KINSELLA, J. E. Inhibition of oxidation of human low-density lipoprotein by phenolic substances in red wine. *Lancet*, 1993; 341, pp. 454-7.

GERUDE, M. *O que você deve saber sobre dietas, vitaminas, sais minerais e ortomolecular*. São Paulo: Atheneu, 1995.

GOLEMAN, D. *Healing emotions*. Boston: Shambhala Publications, 1997.

GONSALVES, P. E. *Livro dos alimentos*. São Paulo: Summus, 2001.

HENDLER, S. S. *A enciclopédia de vitaminas e sais minerais*. Rio de Janeiro: Campus, 1997.

HENNEKENS, C. H.; ROSNER, B.; COLE, D. S. Daily alcohol consumption and fatal coronary heart disease. *Am J Epidemiol*, 107, 1978, pp. 196-200.

JENNINGS, M. E.; HOWARD, J. M. Chromium, wine, and ischaemic heart disease. *Lancet*. 1980; 2 (8.185), pp. 90-1.

JOHNSON, H. *The story of wine*. Londres: Mitchell-Beazley, 1989.

KNOPF, O. *Successful aging*. Nova York: The Viking Press, Inc., 1975.

LIEBERMAN, S.; BRUNNING, N. *The real vitamin & mineral book*. Garden City Park, Nova York: Avery Publishing Group, 1997.

MUNIZ, M. *Hipertensão arterial: o inimigo silencioso – Como vencê-lo*. Rio de Janeiro: Nova Fronteira, 1992.

NESTLE, M. Wine and coronary heart disease. *Lancet*, 1992; 340, pp. 314-5.

NUNES, M. M. M. *Transtornos alimentares e obesidade*. Porto Alegre: ArtMed, 1998.

ORNISH, D. *Salvando seu coração*. Rio de Janeiro: Relume Dumará, 1993.

PAAR, R. M. Silicon, wine, and the heart. *Lancet*, 1980, 1 (8.177), p. 1.087.

PÓVOA FILHO, H. *Radicais livres em patologia humana*. Rio de Janeiro: Imago, 1995.

RENAUD, S.; DE LORGERIL, M. Wine, alcohol, platelets, and the French paradox for coronary heart disease. *Lancet*, 1992, 339, pp. 1.523-6.

SAINT LEGER, A. S.; COCHRANE, A. L.; MOORE, F. Factors associated with cardiac mortality in developed countries with particular reference to the consumption of wine. *Lancet*, 1 (8.124), 1979, pp. 1.017-20.

Schroeder, A. H. *Cadmiun, chromium, and cardiovascular disease*. Circulation, 35, pp. 570-82, 1967.

SCHROEDER, A. H.; BALASSA, J. J.; VINTON, W. H. Chromium, cadmium and lead in rats: effects on life span, tumors and tissue levels. *J Nutrition*, 86, pp. 51-6, 1965.

SCHROEDER, A. H.; NASON, A. P.; TIPTON, I. H. Chromium deficiency as a factor in atherosclerosis. *J Chron Dis*, 23, 1970, pp. 123-42.

SCHWARZ, K. Silicon, fibre, and atherosclerosis. *Lancet*, 1977, 1, pp. 454-7.

SELEYE, H. *Stress: A tensão da vida*. São Paulo: Ibrasa, 1965.

WADE, C. *Alimentos naturais*. Rio de Janeiro: Campus, 1994.

WERBACH, M. *A cura através da nutrição*. Rio de Janeiro: Revinter, 2001.

WERTH, J. A little wine for the heart's sake. *Lancet*, 1980, 2 (8204), p. 1.141.

YOUNGSON, R. *Como combater os radicais livres*. Rio de Janeiro: Campus, 1995.

Entre em contato com nossos distribuidores e descubra qual a livraria mais próxima de você.

Distrito Federal
Gallafassi Editora e Distribuidora Ltda.
SAAN - Qd. 2, nº 1.110/1.120
70632-200 - Brasília - DF
Tel.: (61) 3039-4686 / Fax: (61) 3036-8747
e-mail: vendas@gallafassi.com.br

Espírito Santo
Logos Livraria
Av. Carlos Moreira Lima, 61 - Térreo
29050-650 - Vitória - ES
Tel.: (27) 3137-2560 / Fax: (27) 3137-2567
e-mail: logos@logoslivraria.com.br

Goiás
Gallafassi Editora e Distribuidora Ltda.
Rua 70, 601 - Centro
74055-120 - Goiânia - GO
Tel.: (62) 3941-6329 / Fax: (62) 3941-4847
e-mail: vendas.go@gallafassi.com.br

Planalto Distribuidora de Livros
Rua 70, 620 - Centro
74055-120 - Goiânia - GO
Tel.: (62) 3212-2988 / Fax: (62) 3225-6400
e-mail: sebastiaodemiranda@zaz.com.br

Minas Gerais
Leitura Distr. e Repr. Ltda.
Rua Curitiba, 760 - 1º andar
30170-120 - Belo Horizonte - MG
Tel.: (31) 3271-7747 / Tel./Fax: (31) 3271-4812
e-mail: leiturarepresenta@ibest.com.br

Paraná
Livrarias Curitiba
Av. Marechal Floriano Peixoto, 1.742 - Rebouças
80230-110 Curitiba - PR
Tel.: (41) 3330-5000 e 3330-5046 / Fax: (41) 3333-5047
e-mail: pedidos@livrariascuritiba.com.br

Rio de Janeiro
Editora Senac Rio
Av. Franklin Rooselvet, 126/604 - Centro
20021-120 - Rio de Janeiro - RJ
Tel.: (21) 2240-2045 / Fax: (21) 2240-9656
e-mail: editora@rj.senac.br

Rio Grande do Sul
Atlas Livros de Negócios Ltda.
Rua Demétrio Ribeiro, 1.164/1.170 - Centro
90010-313 - Porto Alegre - RS
Tel.: (51) 3211-1445 e 3211-1340 / Fax: (51) 3211-0596
e-mail: livros@livrosdenegocios.com.br

Santa Catarina
Livrarias Catarinense
Rua Fulvio Aducci, 416 - Estreito
88075-000 - Florianópolis - SC
Tel.: (48) 3271-6000 / Fax: (48) 3244-6305
e-mail: vendassc@livrariascuritiba.com.br

São Paulo
Editora Senac São Paulo
Rua Rui Barbosa, 377 - 1º andar - Bela Vista
01326-010 - São Paulo - SP
Caixa Postal: 3595 - 010060-970
Tel.: (11) 2187-4450 / Fax: (11) 2187-4486
e-mail: editora@sp.senac.br

Representantes Comerciais (AM-PA-MA-PI-CE-RN-PB-PE)
Gabriel de Barros Catramby
Rua Dom Vital, 278 - loja 2 - Piedade
54420-190 - Jaboatão dos Guararapes - PE
Tel./Fax: (81) 3341-6308
e-mail: gabrielcatramby@terra.com.br

A Editora Senac Rio publica livros nas áreas de gastronomia,
design, administração, moda, responsabilidade social, educação,
marketing, beleza, saúde, cultura, comunicação, entre outras.

Visite o *site* www.rj.senac.br/editora, escolha os títulos
de sua preferência e boa leitura.
Fique ligado nos nossos próximos lançamentos!
À venda nas melhores livrarias do país.

Editora Senac Rio
Tel.: (21) 2240-2045
Fax: (21) 2240-9656
comercial.editora@rj.senac.br

Editora Senac São Paulo
Tel.: (11) 2187-4450
Fax: (11) 2187-4486
editora@sp.senac.br

Disque Senac Rio: (21) 4002-2002

Este livro foi composto pela Hybris Design,
em Gill Sans e Matrix, para a Editora Senac Rio,
em janeiro de 2007.